国家社科基金重大项目"先秦诸子综合研究"（批准号：15ZDB007）的阶段性成果

广东省高水平大学建设经费资助出版

墨学四论

四论
墨学

高华平————

著

中国社会科学出版社

图书在版编目（CIP）数据

墨学四论/高华平著.—北京：中国社会科学出版社，2020.9
ISBN 978-7-5203-7151-3

Ⅰ.①墨…　Ⅱ.①高…　Ⅲ.①墨家—研究　Ⅳ.①B224.5

中国版本图书馆 CIP 数据核字（2020）第 170505 号

出　版　人	赵剑英
责任编辑	郭　鹏
责任校对	刘　俊
责任印制	李寡寡

出　　　版	中国社会科学出版社
社　　　址	北京鼓楼西大街甲 158 号
邮　　　编	100720
网　　　址	http://www.csspw.cn
发　行　部	010－84083685
门　市　部	010－84029450
经　　　销	新华书店及其他书店

印　　　刷	北京君升印刷有限公司
装　　　订	廊坊市广阳区广增装订厂
版　　　次	2020 年 9 月第 1 版
印　　　次	2020 年 9 月第 1 次印刷

开　　　本	710×1000　1/16
印　　　张	12.75
插　　　页	2
字　　　数	151 千字
定　　　价	79.00 元

自　序

　　所谓"墨学"，当不限于研究墨子其人其书及其思想，而应涵盖整个墨家研究。吾由中文专业出身，最初接触"墨学"，时间虽不能算太迟，但仅限于阅读《墨子》之文章，犹记当年学习"中国古代文学"课程，曾背诵《中国古代文学作品选》中的《墨子·公输》部分。但吾真正算得上研究"墨学"，其为时也晚，乃自 2011 年承担国家社科基金项目"楚国诸子学研究"始。

　　吾研究"墨学"，既非从文学角度研究《墨子》之"散文"特色和艺术成就，亦非就墨家"十论"（"兼爱""非攻""上贤""上同""非乐""非命""节用""节葬""天志""明鬼"）论其哲学价值或逻辑学思想，而是通观有关墨家文献和"墨学"研究的诸方面，从中提炼出若干"墨学"研究中的关键问题，尤其是一些长期以来悬而未决的疑难问题，从多方面进行考索，力求在前人的基础上，更接近于历史的真相，还原两千多年前墨子和墨家的本来面目。在这里，研究课题的提出既没有文学、历史、哲学的明确界限，研究视角和方法的采用也不存在任何事先预设的规定。我在此讨论的几个以往学者或少有人关注、或争议不断的问题如下：

第一个是关于墨子的生卒年问题。

这是一个长期争议、未有定论的问题。墨子的生活年代，司马迁说："或曰并孔子时，或曰在其后。"此后数千年人们存在种种的揣测。但我就各种文献进行综合研究之后，认为以往学者的结论都是不对的。解决这个问题应该先确定一个推断墨子生卒年的准确坐标。因为墨子与鲁阳文君的年龄相当，鲁阳文君又与楚平王的太子建之子白公胜的年龄相近。白公胜生于公元前525年至公元前520年之间，故可由此确定墨子的生年。墨子最后一次来到楚国，当在楚惠王四十二年（公元前447年）至四十四年（公元前445年）之间，时年七十二岁以上，故孙诒让所谓墨子"年寿必逾八十"之说是可以成立的。墨子八十岁时，约当楚惠王五十一年（公元前438年）。这个卒年，约与孔子弟子曾参（曾参卒于公元前436年）相近，和子思（子思约卒于公元前402年）则相距稍远。

第二个是墨家思想和先秦诸子百家的关系问题。

对于这个问题，此前学术界虽有论及，但基本只限于儒、墨两家之间"是其所非而非其所是"（《庄子·齐物论》）。实际上，墨家对先秦诸子百家的思想皆既有继承，也有扬弃。墨家这种与先秦诸子思想既有继承，也有扬弃的关系，主要表现在它对先秦诸子百家的学术批评上。墨家是先秦诸子中最早公开进行学术批评的学派之一。尽管墨子思想与儒家有密切的渊源关系，但墨子仍然对"儒之道足丧天下者四政焉"提出了批评；而墨子后学甚至还有对孔子本人的攻击。墨家的"兼爱""尚贤""右鬼""非命"诸论，则主要是针对道家杨朱学派"为我""不尚贤""无鬼"及"安于性命之情"之说的批评。在墨子时代，尽管阴阳、纵横、法、名、农、杂等其他诸子学派尚未正式形成，但它们的某些思想观点却已经存在，故《墨子》中也不乏对阴阳、纵横、法、名、农、杂及小说家等诸子学派观点的学术批评。

第三个是"墨学"的发展演变和楚国地域思想文化的关系问题。

韩非子将先秦的墨家分为三派，即人们所谓"三墨"。但何谓"三墨"，历来众说纷纭。我认为，细致考察先秦墨学的发展，可以看出并不存在固定不变的所谓"三墨"，墨学在不同的发展阶段存在着不同的特点。同样，不同时期的墨学在楚国的传播，也存在不同特点。墨子本人曾多次至楚，楚国第一代墨者应是亲承墨子说教的鲁阳文君等人，第二代为死楚国阳城君之难的墨者孟胜及其弟子，第三代则为《庄子·天下篇》所谓"相里勤之弟子五侯之徒"和"苦获、己齿、邓陵子之属"。楚国墨学的特点也可用《庄子·天下篇》中"俱诵《墨经》，而倍谲不同，相谓别墨；以坚白同异之辩相訾，以觭偶不仵之辞相应，以巨子为圣人，皆愿为之尸，冀得为其后世，至今不决"诸语加以概括。先秦时期的楚国，可谓"东方之墨"和"秦之墨"的交融点，为中国墨学的发展和交流起着重要的融合管道作用。

第四个问题是传世本《墨子》是一本"以无校本而脱误难读，亦以无校本而古字未改"（王念孙《读书杂志》）之书，那么是否可以由这些"未改"的"古字"出发，结合最新出土的一些战国"古文"来探讨墨家的某些思想特点呢？通过考察《墨子》一书那些写法特殊的文字，我发现，其中那些以"刀""金""戈"为义符的文字，往往是作者有意避免使用以"刀""金""戈"为义符，而使用一些与杀戮攻伐无关的义符的反映。

如以"敫"代"殺"、以"羛"为"義"、以"堪"代"戡"等。这与新出简帛文献中以"昊"代替从"刀"的"則"、以"敓"代替从"戈"的"戟"、以"宜"代替从"我"（戈）的"義"、以"悷"代替从"戈"的"威"等等是完全一致的。这不仅说明墨子兼爱、非攻思想在其头脑中是怎样的根深蒂固，而且还可见出墨家思想影响传播得何其深远！《韩非子·显学》称儒墨为"显学"，这不是偶然的。

与此相关，墨家思想作为当时的"显学"，还对当时的"文学"的发展和逻辑学（"名学"）的发展产生了巨大的影响。先秦的墨家在《经》上、下和《经说》上、下四篇中，通过逻辑分析方式对先秦的"说"加以分类和严格的区别，真正明确了"小说"概念的内涵，为中国小说理论的发展做出了极其重要的贡献。《庄子·天下篇》曰："相里勤之弟子五侯之徒，南方之墨者苦获、己齿、邓陵子之属，俱诵《墨经》，而倍谲不同，相谓别墨；以坚白同异之辩相訾，以觭偶不仵之辞相应。"通过对名家中诡辩学派的批评，极大地推进了当时逻辑学和自然科学知识的发展进步。正因为这个缘故，我们"附录"中收入了两篇虽非专门论述"墨学"，但在论及"小说家"和"名家"时涉及到先秦"墨学"的论文，或许它们能有助于大家从多角度探讨先秦"墨学"的发展和影响。

先秦"墨学"是先秦诸子学的一部分，我研究先秦"墨学"也是因为其为研究先秦诸子学之一部分，无法回避。所以我现在从事先秦诸子研究，既不会局限于儒、道、墨、法中的某一"家"，也不会局限于仅从文、史、哲的某一方面研究先秦诸子，而是力求从文、史、哲多方面研究先秦诸子，名之曰"先秦诸子综合研究"。这既是目前本人所主持的一个国家社科重大项目的名称（"先秦诸子综合研究"，15ZDB007），也是面前这本论文集的"项目来源"。

是为序。

高华平

2019 年 12 月于暨南大学

目　录

墨学四论

附　录

墨学四论

一 墨子生卒年问题

墨子是中国先秦学术思想史上的重要人物，其学术思想曾广泛传播并产生过巨大的影响。《孟子·滕文公下》曰："杨朱、墨之言盈天下。天下之言，不归杨，则归墨。"同书《尽心下》则谓天下之学："逃墨必归杨，逃杨必归于儒。"《庄子·外篇》中《骈拇》《胠箧》《天地》《徐无鬼》诸篇亦"杨、墨"并称。皆是其例。但就是这样一位在中国学术史上具有重要影响的思想家，对于其生平事迹，历代的文献中却很少记载。司马迁的《史记》仅于《孟子荀卿列传》篇末附有"盖墨翟，宋之大夫，善守御，为节用。或曰并孔子时，或曰在其后"诸语，语焉不详。现存《墨子》一书中虽有关于墨子事迹的诸多片断，却无关其生卒年月，故后人对墨子生卒年无从考实。直到清代考据之学兴起之后，特别是到近代以来，人们才投入了更多的精力考索墨子其人及其生卒年问题。学术界的基本结论是，墨子的具体生卒年是难以确定的，只能做出一个大致的推断——墨子的生活年代当晚于孔子，即使他及见孔子，其与孔子的交集也不可能超过十年——墨子的生活年代约同于孔子之孙子思（详后）。

那么，我们到底能不能对墨子的生卒年做出更进一步的考证，而学术界以前的研究结论是否准确可靠呢？这就需要我们对学术界已有的研究结论和得出这些结论的根据及其论证过程，进行重新审查和检讨。

在现有文献中，最早涉及墨子生活年代或生卒年的，是上面提到的司马迁的《史记·孟子荀卿列传》篇末"盖墨翟，宋之大夫，善守御，为节用。或曰并孔子时，或曰在其后"诸语。但必须指出，司马迁在此并未具体地说明墨子的生卒之年，甚至连墨子到底是与孔子同时还是后于孔子，这一大概的年代也未确定。司马迁这一记载的价值在于，他对墨子生活年代的记载虽然简单而模棱两可，但却为后来对于墨子生卒年的讨论确立了一个重要的参照系——孔子；后人不论如何讨论墨子的生卒年，必不能离孔子这个中心人物太远。这也是历代学术界讨论墨子生卒年的一个基本原则。司马贞《史记索隐》引刘向《别录》曰："今按《墨子》书有文子，文子即子夏弟子，同于墨子。如此，则墨子在七十子之后。"这一说法虽然把墨子的生活年代定在离孔子较远的年代——"七十子之后"，但因为所谓"七十子"乃指孔子弟子"服役者七十人"或"受业身通者七十有七人"，所以这其实仍然是以孔子为参照系来说的。《汉书·艺文志·诸子略》有"《墨子》七十一篇"，班固自注："名翟，为宋大夫，在孔子后。"这也是以孔子为参照系来说的，采取了《史记》所谓"或曰在其后"之说。从汉代班固之后，除西晋的鲁胜和宋代的乐台二人注《墨子》中的"辩经"等部分篇章（鲁、乐二人著作亦早亡佚不传），或如司马贞著《史记索隐》云"墨子在七十子之后"、章怀太子李贤等注《后汉书》云墨子"当子思时，出仲尼后"，对墨子生卒年偶有涉及之外，对墨子其人其书、特别是其

生卒年问题，其实是长期少有人问津的。直到清乾隆四十八年
（公元 1784 年），毕沅《墨子注》出，《墨子》书和墨子其人
（包括其生卒年问题）方始受到学术界的关注，并成为了学者们
纷纷讨论的话题。但这些讨论仍然是以孔子为参照系的。毕沅虽
对墨子的身世有所考辨，他说墨子是"六国时人，至周末犹存"；
但他最终也不得不承认："沉亦不能定其时事。"毕沅之后，清代
学者对墨翟生卒年的考证，则应以汪中、孙诒让二人为代表。汪
中据《国语·楚语下》"惠王以梁与鲁阳文子"和《墨子·耕
柱》《贵义》《鲁问》诸篇中墨子与鲁阳文子的问答，而推断说：
"墨子实与楚惠王同时，其仕当宋景公、昭公之世。其年于孔子
差后，或犹及见孔子矣"；对于墨子的卒年，汪中则只是说墨子
当楚惠王晚年犹存："（楚）惠王在位五十七年，本书既载其以
老辞墨子，则墨子亦寿考人与？"① 孙诒让不认同汪中之说。他认
为"墨子当仕（宋）昭公世，不得及景公"，故"墨子必不及见
孔子"，而汪中所谓墨子仕宋景公和"犹及见孔子"之说有"不
考之过"。对于墨子的卒年，他虽说"墨子卒年无考"，但否定
孙诒让吴起楚悼王二十一年遭车裂"亦非墨子之所知也"之说，
认定"吴起之乱，墨子似尚及见之"②；并说："审核前后，约略
计之，墨子当与子思并时，而生年尚在其后，当生于周定王之初
年，而卒于安王季，盖八九十岁，亦寿考矣。"③

　　现代以来，学术界对墨子生卒年的讨论，基本上都是在清人、

---

　　① 汪中：《墨子序》，《墨子间诂》（下），中华书局 2001 年版，第 668—669 页。
　　② 同上书，第 669 页。
　　③ 孙诒让：《墨子间诂》（下），中华书局 2001 年版，第 693 页。案：周定王于公
元前 468—前 441 年在位，周安王于公元前 401—前 376 年在位。

特别是在孙诒让的研究基础上展开的。其中，梁启超、胡适、钱穆三人的观点影响最大。梁启超以孙诒让的《墨子年历》为基础，以"本书（指《墨子》——引者注）所记墨子亲历的事为准，再拿他书所记的实事做旁证反证"，得出结论说："墨子生周定王元年至十年之间［西纪前四六八（年）至四五（九）］，约当孔子卒后十余年［孔子卒于前四七九（年）］"；"墨子卒于周安王十二年至二十年之间［西纪前三九〇（年）至三八二（年）］，约当孟子出生前十余年"。① 胡适则在比较了孙诒让和汪中之说后，"以为孙诒让所考，不如汪中考的精确"，因为孙诒让所考有两个"错处"："第一，孙氏所据的3篇书，《亲士》《鲁问》《非攻上》，都是靠不住的书"，"第二，墨子决不会见吴起之死"，所以他得出结论说："我们可定墨子大概生在周敬王二十年与三十年之间（西历纪元前500至前490年），死在周威烈王元年至十年之间（西历纪元前551年）。"② 钱穆除参考清人之说外，更主要是对梁启超的《墨子年代考》进行了修正。他说："余考墨子止楚攻宋，在（楚）惠王四十四年后，五十年前。时墨子年三十余，下逮周安王十年，墨子当死于其时，年寿盖踰八十"。又说："余考墨子之生，至迟在元王之世，不出孔子卒后十年。其卒当在周安王十年左右，不出孟子生前十年。较梁《考》移前十许年。以止楚攻宋一事为主眼，似粗得墨子年世之真。梁《考》又谓墨子之卒，最早不能早于郑繻公被弑后二年。……梁氏以安王十二年起算，盖一时之误。"③

综合古今学者对墨子生卒年的探讨，我们可以得到如下几点结论：

① 梁启超：《墨子学案》，商务印书馆1922年版，第4、170页。
② 胡适：《中国哲学史大纲》，上海古籍出版社1997年版，第104—105页。
③ 钱穆：《先秦诸子系年》，商务印书馆2001年版，第104—105页。

其一，古今学者探讨墨子的生卒年，多以孔子为参照系，且多认为墨子生年"在孔子后"，而墨子的卒年则应在吴起被杀之前（公元前 381 年）。至于墨子生年在"七十子后"、卒年在周末（吴起死后）的说法，则遭到了多数学者的反驳。

其二，古今学者考论墨子生年的根据，主要是《墨子》书中所记墨子言行。其中最重要的，是墨子见鲁阳文君（即鲁阳文子，下同）和见楚惠王止楚攻宋诸事。以鲁阳文君为"平王之孙司马子期之子公孙宽"（《国语·楚语下》韦昭注）、墨子止楚攻宋在宋景公之世的学者，多以为墨子生年当及见孔子；反之，则认为墨子生于孔子卒后。

其三，古今学者推断墨子卒年的基本依据，还是《墨子》书所记墨子言行及其所涉及的时事。这其中最主要的，是《墨子·鲁问》所记"子墨子见齐大王""鲁阳文君将以攻郑"和《墨子·非乐上》所谓"昔者齐康公兴乐万"诸事。以"齐大王"为田齐太公田和、以"鲁阳文君将以攻郑"时所提出的理由——"郑人三世杀其父"为郑国哀公、幽公、繻公被杀之事者①，皆

---

① 孙诒让：《墨子间诂》云："苏云：'父'当作'君'。据《史记·郑世家》云：'哀公八年，郑人弑哀公而立声公弟丑，是为共公。三十年，共公卒，子幽公已立。幽公元年，韩武子伐郑，杀幽公，郑人立幽公弟骀，是为繻公。二十七年，子阳之党共弑繻公。'是三世弑君之事也。案：黄式三《周季略编》亦同苏说。又黄氏又据此云：'"三年不全"，以鲁阳文君攻郑在安王八年，即郑繻公被弑三年后也。'然二说可疑。考文君即公孙宽，为楚司马子期子，据《左传》，子期死白公之难，在鲁哀公十六年，次年宽即嗣父为司马，则白公作乱时，宽至少亦已弱冠，郑繻公之弑，在鲁穆公十四年，上距哀公十六年已八十四年，文子若在，约计殆逾百岁，岂尚能谋攻郑乎？窃疑此'三世'并当作'二世'，盖即在韩杀幽公之后。幽公之死当鲁元公八年，时文子约计七十余岁，于事傥有合耳。"（孙诒让：《墨子间诂》（下），中华书局 2001 年版，第 440 页）今案：孙诒让此说贻误。据《史记·楚世家》记载，楚平王二年（前 527 年），楚昭王出生，时白公之父太子建十五岁。白公作乱在楚惠王八年（前 478 年），若太子建二十岁生白公，则此时白公约当在四十岁（如太子建在世则六十岁）。宽为司马子期子，司马子期为昭王庶兄，年岁当与太子建相仿，则宽年亦当与白公相当，此时在四十岁左右。孙诒让称"白公作乱时，宽至少亦已弱冠"，实属毫无根据的臆测，不足为据。

以为墨子卒年应在吴起被杀之后；而坚持墨子不见吴起被杀之事者，则将墨子卒年定在公元 381 年之前。

前代学者对于墨子生卒年的讨论，可以说已将现有文献中的相关史料网罗殆尽了，并对墨子生活的年代范围有了一个大致清晰的把握。这就是，墨子生活的年代离孔子不远，他的生年可以孔子的卒年为参照；墨子的卒年当在此后约八十年的范围之内。但由于历代学者大多仅就某一史料进行孤立分析，即使有个别学者能就相关史料作综合研究，也往往受先入之见的限制而曲解史实，故未能弥合各方分歧，对墨子的生卒年给出一个比较准确和令人信服的结论。我认为，在现有文献的基础上探讨墨子生卒年问题、并得出一个比较准确和可信的结论，其实是并不困难的；关键是要对所有与墨子生卒年问题相关的史料——不论是直接史料还是间接史料，进行更加全面和综合的研究，确定出一些可靠的历史坐标。确定了这样的历史坐标之后，也就不难推算出墨子的生卒年代了。

（一）历代学者考论墨子生年的主要根据，为墨子见鲁阳文君和墨子见楚惠王止楚攻宋之事

这两件事的重要性在于，如果确定了墨子见鲁阳文君和墨子见楚惠王止楚攻宋之事发生的具体年代和此时墨子的大致年岁，由此上推墨子的生年就不会困难了。

墨子见鲁阳文君并与之对话，见于《墨子·耕柱》《鲁问》二篇。唐人余知古《渚宫旧事》卷二亦载鲁阳文君曾对年老的楚

惠王称"墨子，北方之贤人"①。《墨子·耕柱》"子墨子谓鲁阳文君曰"句下毕沅注引贾逵《国语注》曰："'鲁阳文子，楚平王之孙，司马子期之子，鲁阳公。'即此人。"又说："《国语·楚语》曰：'惠王以梁与鲁阳文子，文子辞，与之鲁阳。'是文子当惠王时，与墨子时世相值。"孙诒让加"案语"曰："《楚语》韦昭说与贾同。文君即《左》哀十九年之公孙宽，又十六年《传》云'使宽为司马'。《淮南子·冥览训》高注云：'鲁阳，楚之县公，楚平王之孙，司马子期之子，今南阳鲁阳是也。'"② 毕沅和孙诒让都注意到了《墨子》书及其相关史料中鲁阳文君的记载，并认为鲁阳文君与楚惠王及墨子的"时世相值"。但由于他们没能综合更多的楚国历史资料深入地考论鲁阳文君其人其事、特别是鲁阳文君的年龄问题，故失掉一个由鲁阳文君的年龄来推断出墨子生年的机会。

考鲁阳文君之名，始见于《国语·楚语下》："（楚）惠王以梁与鲁阳文子，文子辞曰：'梁险而在北境，惧子孙之有贰者也。夫事君无憾则惧偪，夫盈而不偪，臣能自寿也，不知其他。纵臣而得全首领以没，惧子孙之以梁险，而乏臣之祀也。'王曰：'子仁人，不忘子孙，施及楚国，敢不从子。'与之鲁阳。"《国语》贾逵和韦昭的旧注都说此鲁阳文子是楚国的司马子期（即公子结）之子"鲁阳公"也，但并没有关注鲁阳文君的年龄问题。不过，我认为，前人在解读这段文字时，可能忽视了其中两个有重要价值的信息：一是《国语·楚语下》是将此事系于"子西使人如王孙胜（韦昭注：'王孙胜，故平王太子建之子白公胜

---

① 孙诒让：《墨子间诂》（下），中华书局 2001 年版，第 668 页。
② 同上书，第 431 页。

也.'）"之前的。而根据《史记·楚世家》记载，此事发生于楚惠王二年（公元前487年），故"（楚）惠王以梁与鲁阳文子"（或者说"鲁阳文君"之始封），当在楚惠王二年（公元前487年）之年初或楚惠王元年（公元前488年）岁末。殆因鲁阳文君的父亲司马子期在楚昭王卒时（公元前487年），与子西、子闾皆有让王位而迎立惠王之功也。二是由《国语·楚语》和《史记·楚世家》的相关记载，此时鲁阳公的年龄是不难推知的；而到楚惠王十年（公元前478年）"白公作乱"时，鲁阳文君（公孙宽）又不像孙诒让注《墨子·鲁问》篇所云"宽至少亦必已弱冠"。因为只要我们对《左传》《国语》及《史记》的相关史料稍加综合，就会发现此时鲁阳文君（公孙宽）的比较确切的年龄是可以推算出来的。《史记·楚世家》载：

> （楚）平王二年，使费无忌如秦为太子建取妇。妇好，来，未至，无忌先归，说平王曰："秦女好，可自娶，为太子更求。"平王听之，卒自娶秦女，生熊珍（即楚昭王——引者注）。更为太子娶。是时伍奢为太子傅，无忌为少傅。无忌无宠于太子，常谗恶太子建。建时年十五矣，其母蔡女也，无宠于王，王稍益疏外太子建也。

楚平王的太子建，即楚惠王十年（公元前478年）发动叛乱的白公胜的父亲。根据《史记》此处的记载，楚平王二年（公元前527年）时，楚平王本为太子建娶秦女为妻，因秦女美丽（"秦女好"）而自娶；"更为太子娶"。后又因听信费无忌的谗言而疏远、乃至要诛杀太子建。楚平王六年（公元前523年），太

子建出奔宋，因宋国内乱而于郑定公八年（楚平王七年，公元前
522年）奔郑。郑定公十年（公元前520年），太子建因密谋与
晋"袭郑"而被杀。（《史记·郑世家》）这一年，太子建22岁。
由《左传》《国语》《史记》诸书（及注）的相关记载可知，鲁
阳文君（即公孙宽）之父司马子期，亦乃楚平王之子公子结，即
后来继楚平王之位的楚昭王的庶兄。① 以《国语·楚语上》"司
马子期欲以妾为内子，访之左史倚相"的记载来看，司马子期的
年龄至少应与太子建相当（甚至可能略长于太子建，应该是太子
建的庶兄）；而司马子期之子鲁阳文君（即公孙宽）的年龄亦应
该与太子建之子白公胜（《国语·楚语下》之"王孙胜"）不相
上下。白公胜与鲁阳文君的出生年月皆史无明文，不得而知；但
由楚平王二年（公元前527年）平王"自娶"秦女，而后"更
为太子娶"，再到太子楚平王九年（郑定公十年，公元前520年）
太子建于郑被杀，期间不过六、七年时间。假定楚平王二年（公
元前527年）平王"自娶"秦女后，次年（公元前526年）"更
为太子娶"，则太子建之子白公胜的生年，最早不过楚平王三年
（公元前525年），最迟不过太子建被杀的郑定公十年（公元前
520年）。② 而司马子期之子鲁阳文君（鲁阳文子）公孙宽的生

---

① 案：《史记·楚世家》先云："子西，平王之庶弟也"（则子期亦当为"平王之庶
弟也"）。又于昭王卒时云："让其弟公子申为王，不可。又让次弟公子结，亦不可。"公
子申即子西，公子结乃子期。《史记》既称二人为"平王之庶弟也"，又称二人为"昭王
弟"，已是矛盾错误；而把二人与昭王庶兄关系，说成"庶弟"关系，则是错上加错。

② 案：据《史记·伍子胥列传》记载，楚平王的太子建在郑被诛杀后，"伍胥惧，
乃与（白公）胜俱奔吴"；又曰："（伍子胥）到昭关，昭王欲执之。伍胥遂与胜独身步
走，几不得脱。"司马迁此处言幼儿白公胜与伍子胥一同逃难（实应为伍子胥携幼儿白公
胜逃难），情节几近"小说"，然由此亦可知当时白公已非1岁以下婴儿，至少得有4—5
岁。若如此，则白公胜当即生于公元前525年。然此亦无确证。今姑定白公胜生于公元前
525年至公元前520年之间。

年，亦当与之相近。换言之，到楚惠王二年（公元前487年）司马子期（公子结）之子公孙宽被封为"鲁阳公"之时①，其年龄当和白公胜相仿，约在三十八至四十三岁之间。观《国语·楚语下》公孙宽辞惠王封梁而改封鲁阳时曰："纵臣而得全首领以没，惧子孙之以梁险，而乏臣之祀也。"似不难感受到其中的老态语气，并由此而可揣测公孙宽此时或许已有孙辈矣。

墨子屡与鲁阳文君相与问答，并止其进攻郑国；《渚宫旧事》卷二又载楚惠王年老辞不见墨子时，鲁阳文君称"墨子，北方之贤人"。则墨子至少亦得与之年龄相仿。即墨子亦当生于公元前525年至公元前520年之间。这个年数，与孔子弟子中的冉求（公元前522年）、颜渊（公元前521年）、宰我（公元前520年）、子贡（公元前520年）最为接近，而稍晚于孔鲤（公元前532年），早于子夏（公元前507年）。②《墨子·耕柱》载："巫马子问子墨子"和"子夏之徒问于子墨子"，前人或以巫马子为孔子弟子巫马旗（亦作巫马期）之后，并以之为"子夏之徒问于子墨子"为墨子"或在七十子之后"的证据，不知巫马旗（巫马期）"少孔子三十岁"（《史记·孔子弟子列传》《孔子家语·七十二弟子解》），正与墨子年岁相当；子夏

---

① 案：以楚国封君沈诸梁称"叶公"而言，则公孙宽所封应为"鲁阳公"，"鲁阳文君"或"鲁阳文子"等称号应属"谥号"。而《淮南子·览冥训》所谓"鲁阳公与韩构难"之鲁阳公，显然非高诱注："楚平王之孙，司马子期之子，《国语》称鲁阳文子也。"因为鲁阳公始封之时，距离"三家分晋"（公元前454年，见杨宽《战国史》，上海人民出版社2008年版，第288页）尚有35年；距离"三家始命为诸侯"的公元前403年更有85年。又《史记·楚世家》："（悼王）九年（前393年），伐韩，取负黍。""肃王十年（前371年），魏取我鲁阳。"故"与韩构难"之"鲁阳公"非"鲁阳文君"或"鲁阳文子"，而是其后世袭封孙。高诱注有误。

② 案：本书孔子弟子生卒年，皆采用钱穆说。参见钱穆《先秦诸子系年》，商务印书馆2001年版，第693—694页。

少于墨子十三到十八岁，他的学生问于墨子应该是不存在任何问题的。《吕氏春秋·当染》云："子贡、子夏、曾子学于孔子，田子方学于子贡，段干木学于子夏，吴起学于曾子，禽滑釐（釐）学于墨子……"而《史记·儒林传》云："如田子方、段干木、吴起、禽滑釐之属，皆受业于子夏之伦，为王者师。"墨子应即是"子夏之伦"。

墨子见楚惠王止楚攻宋之事，南宋鲍彪注《战国策·宋卫策》"墨子见楚王"止楚攻宋，将其系于宋景公（公元前516—公元前469年在位）时。而以孙诒让为代表的后世学者则否定此说，云：

> 墨子止楚攻宋，本书不云在何时，鲍彪《战国策注》谓当宋景公时，至为疏谬。（详《年表》）惟《渚宫旧事》载于惠王时，墨子献书以前，最为近之。盖输子（指公输班——引者注）当生于鲁昭、定之间，至惠王四十年以后、五十年以前，约六十岁左右，而是时墨子未及三十，正当壮岁，故百舍重茧而不以为劳。惠王亦未甚老，故尚能见墨子。以事情揆之，无不符合。

但这其实只是孙诒让的自我感觉，是毫无根据的臆测，故后人不尽认同。近人范祥雍《战国策笺证》即指出："然如其所说，墨子年未及三十，而云'臣之弟子禽滑釐等三百人'，似非甫壮之人所能有者。"[①] 我们刚刚已经论证过，鲁阳文君始封于楚惠王元年或二年，此时其年龄至少在三十八至四十岁之间；而

---

① 范祥雍：《战国策笺证》（下册），上海古籍出版社2006年版，第1818页。

墨子有与之相当的年龄。这早已不是所谓"未及三十";而墨子之止楚攻宋,则显然又在此时之后。

考楚惠王自公元前488年即位,至公元前433年卒,共在位五十七年。这个时期在宋国是宋景公(公元前516—公元前469年在位)三十九年至宋昭公(公元前468—公元前432年在位)三十七年。而由《左传》《国语》《战国策》和《史记》等相关史料的记载来看,在楚惠王在位的这五十七年间,楚、宋两国间并无任何战争或因两国冲突而即将开战的记录;只有楚惠王十年(公元前477年),因楚国"灭陈而县之"的行动,曾引起过宋国的严重恐慌。《史记·宋微子世家》曰:

> (宋景公)三十七年,楚惠王灭陈。荧惑守心。心,宋之分野也。景公忧之。司星子韦曰:"可移于相。"景公曰:"相,吾之股肱。"曰:"可移于民。"景公曰:"君者待民。"曰:"可移于岁。"景公曰:"岁饥民困,吾谁为君。"子韦曰:"天高听卑,君有君人之言三,荧惑宜有动。"于是候之,果徙三度。

宋景公三十七年,当鲁哀公十五年,楚惠王九年,公元前480年。《史记·楚世家》则记楚惠王"灭陈而县之"于楚平"白公之乱"及"惠王乃复位"之后——即楚惠王十年。《左传》则将"白公之乱"系于鲁哀公十六年(公元前479年),将"楚公子朝帅师灭陈"系于次年的"秋七月己卯",并在上文交代此事发生的原因为"楚白公之乱,陈人恃其聚而侵楚"。但不管怎样,这一年(公元前479年)是孔子的卒年,楚国发生了"白公之乱""灭陈"和计划侵宋等一系列的大事,《史记·宋微子世家》所记"楚惠王灭陈"而宋人恐惧之事，是可信的；而《史记·楚世家》将此事记于楚惠王十年则可能更为准确。墨子止楚攻宋，当即指"灭陈"和计划侵宋之事。但《墨子·公输》记墨子止楚攻宋之后，由楚返鲁曰："过宋，天雨，庇其闾中，守闾者不内也。"似乎宋人对此事的详情并无多少了解，故宋国史官就误记了此事发生的年份。而从当时楚国的历史背景来看，在楚惠王即位之初，公孙宽受封为"鲁阳公"，其时必赴封地，而墨子与其问答之地亦必在鲁阳。至楚惠王十年，楚国发生"白公之乱"，时"子西、子期之族多见害"[1]；而公孙宽则以在鲁阳而见免。而当叶公率"方城之外以入（郢）"平叛之时，则公孙宽自亦会发自鲁阳参与其事，并于事后被任用为司马。而墨子则可能在鲁阳文君（公孙宽）参与平叛时，由楚国返回鲁国，而于次年闻楚将攻宋时："起于鲁，行十日十夜而至于郢"，制止了这场即将发生的战争。因为这场计划中的战争离鲁阳文君初封时已有十年之久，此时鲁阳文君已在四十一到四十六岁之间；墨子若与鲁阳文君年龄相当，则亦应有此年岁。故我们推断，墨子的生年当在鲁昭公十五年（公元前525年）至二十年（公元前520年）之间。

（二）古今学者推定墨子卒年的主要根据，在于《墨子·鲁问》所谓"子墨子见齐大王""鲁阳文君将以攻郑"和《墨子·非乐上》中"昔者齐康公兴乐万"诸事

但我以为，论者对以上几处文献的解读都是有问题的，存在

---

[1] 《国语·楚语上》"子西使人如公孙胜"章末韦昭注。

某种曲解文义的主观故意；而真正可以确定墨子卒年的文献根据，应该是《墨子·贵义》"子墨子南游于楚，见楚献惠王，献惠王以老辞"和《墨子·鲁问》"子墨子游公尚过于越"，越王"请以故吴之地，方五百里，以封墨子"。

《墨子·鲁问》中所谓"子墨子见齐大王""鲁阳文君将以攻郑"和《墨子·非乐上》中"昔者齐康公兴乐万"诸事，之所以不能作为推断墨子卒年的根据，是因为论者在对这几处文献的解读上存在明显的错误和曲解。《墨子·鲁问》"子墨子见齐大王"，毕沅注："《太平御览》无'大'字。"但后来的清代学者竟一改乾嘉朴学的严谨，或置这一异本异说的存在于不顾，或对这一现象曲予回护。如苏时学说："'大'当读'泰'，即太公田和也。盖齐僭王号之后，亦尊其祖为太王，如周之古公云。"这是无视异本异说的存在。俞樾亦曰："'大'公者，始有国者之尊称，……田齐始有国者，和也，故称大公，犹尚父称大公也。……因齐大公之称，他书罕见，故学者不得其说，《太平御览》引此文，遂删'大'字。"这是不问有无根据，随意认定《墨子·鲁问》此处异本异说的出现，乃由于"因齐大公之称，他书罕见，故学者不得其说"而"删'大'字"。孙诒让则不仅认定"苏（时学）、俞（樾）说是也"："墨子见大王，疑当田和为诸侯以后"，"齐康公与田和同时，墨子容及见其事"①；而且还进一步推断说：这些说明墨子"及见齐大公和与齐康公兴乐、楚吴起之死。"② 可能完全没有想到墨子与鲁阳文君年龄相当，而鲁阳文君生于公元前525—公元前520年之间，至齐大公田和

① 孙诒让：《墨子间诂》（下），中华书局2001年版，第467—468页。
② 同上书，第692页。

命为诸侯时已相距一百九十五年以上矣。且《墨子·非乐上》中
"昔者齐康公兴乐万"云云，既非出自墨子之口，《墨子·非乐
上》亦并非墨子自作，如何由此可知墨子"及见"齐大公呢?

　　同样，论者对《墨子·鲁问》中"鲁阳文君将以攻郑"的
理由"郑人三世杀其父"的解读，也是极其荒谬的。且不说无故
以"郑人三世杀其父"的"'父'当作'君'（字）"，已是对
"父"的训诂学的无知（《诗·小雅·伐木》："既有肥羜，以速
诸父。"毛传："古天子谓同姓诸侯、诸侯谓同姓大夫皆曰诸父。
异姓则称舅。"可见，天子或诸侯的同姓叔伯皆谓之"父"，非
指"君"也）；以之为"君"乃是臆改原文，违反了文献校勘的
基本原则。而就其以"郑人三世杀其父"指郑哀公、幽公、繻公
"三世"郑人"弑"哀公、韩武子杀幽公和子阳之党"弑"繻
公，或指郑哀公世"郑人弑哀公"、幽公世韩武子杀郑幽公之事
而言，这也是毫无历史根据的。因为根据《史记·郑世家》记
载，即使是韩武子杀郑幽公之事，亦发生于郑幽公元年（公元前
423 年），此时距鲁阳文君的生年（公元前 525 年—公元前 520
年）已有百年时间，怎么可能如孙诒让推算的那样："据《左
传》，子期死白公之难，在鲁哀公十六年，次年（公孙）宽即嗣
父为司马，则白公作乱时，宽至少亦必弱冠"呢?[1] 更何况，郑
繻公二十七年（公元前 396 年）郑相"子阳之党共弑繻公"又
在韩武子杀郑幽公之后二十七年呢? 此时鲁阳文君如果活着，其
年岁已在一百二三十岁之间，墨子还可能活在世上吗? 所以，我
认为，所谓"郑人三世杀其父"，其实应该是指郑国釐公和简公

---

① 孙诒让:《墨子间诂》（下），中华书局 2001 年版，第 468—469 页。

二朝郑相子驷弑釐公立简公之后，先是诸公子杀子驷、子孔，既而是"诸公子争宠相杀，又欲杀子产"。（《史记·郑世家》）因为子驷、子孔皆"欲自立为君"，甚或其曾一度自立为君，亦未可知，此处才有所谓"郑人三世杀其父"之说。而根据《左传》和《史记·楚世家》的记载可知，楚国鲁阳文君之所以"将以攻郑"，原因其实是十分清楚的，无需前后牵合。因为在楚惠王二年（公元前488年）子西召回白公胜之后，白公胜一直想报郑人的杀父之仇："（楚惠王）六年，白公请兵令尹子西伐郑"，子西"许而未发兵"。也许子西允诺白公胜时，曾向楚国各地发出过准备伐郑的命令，这才有了"鲁阳文子将以伐郑，子墨子闻而止之"的事情。此事当发生在楚惠王六年（公元前483年），鲁阳文君时年在四十二岁至四十七岁之间——离墨子的卒年还早着哩。

要推断出墨子的卒年，我以为只要结合《墨子·贵义》"子墨子南游于楚，见楚献惠王，献惠王以老辞"和《墨子·鲁问》"子墨子游公尚过于越"，越王"请以故吴之地，方五百里，以封墨子"等有关史料，进行综合考察，就可以确定出墨子生活年代的下限。

根据《史记·楚世家》记载，越王勾践灭吴在楚惠王十六年（公元前473年）。"（楚惠王）四十二年，楚灭蔡。四十四年，楚灭杞。"此时，分别相当于越王朱勾二年和四年。朱勾是越国在位时间最长（公元前448年—公元前412年）的君王，晚年灭滕和郯。可见，他是颇有建立霸业的气概和雄心的。故《墨子·鲁问》那位对公尚过说："请以故吴之地，方五百里，以封墨子"的越王，很有可能就是此人。而其时又应在他即位的初期

（公元前448年），因为此时他最需要显示自己求贤的态度，故能有以"方五百里"土地"以封墨子"的豪言。而此时墨子至少应在七十二岁以上。但就在朱勾即位的次年（公元前447年），楚国灭了蔡国；紧接着又灭了杞国。很可能就在楚国即将进行这两次兼并战争之际、或者就在其间，墨子坐不住了，再次来到楚国，希望见楚惠王。这就有了《墨子·贵义》所谓"子墨子南游于楚，见楚献惠王，献惠王以老辞"的记载。楚惠王早已下定了兼并蔡、杞的决心，所以他不肯见墨子，而"以老辞"。（楚惠王此时为五十三岁，约少于墨子二十岁。）楚惠王躲着不肯见墨子，墨子的老朋友鲁阳文君实在看不过去了，对楚惠王说："墨子，北方之贤人，君王不见，又不为礼，毋乃失士！"楚惠王这才"使（鲁阳）文君追墨子，以书社五里封之"。① 墨子连越王"方五百里"的封地都不肯接受，还会在乎"书社五里"之封地吗？故他"不受而去"。

以上，我们通过对有关文献中比较确切史料的综合研究，确定了墨子的生卒年代。墨子与鲁阳文君年龄相当，约出生于公元前525年至公元前520年之间；墨子最后一次出游楚国，约在楚惠王四十二年（公元前447年）至四十四年（公元前445年）之间。此时，墨子年龄在七十二岁以上。孙诒让说："葛洪的《神仙传》载墨子年八十二，入周狄山学道。其说荒诞不足论，然墨子年寿必逾八十，则近之耳。"② 墨子八十岁时，约当楚惠王五十一年（公元前438年）。这个卒年，约与孔子弟子曾参（曾参卒于公元前436年）相近；和子思（子思约卒于公元前402年）则

---

① 孙诒让：《墨子间诂》（下），中华书局2001年版，第440页。
② 同上书，第691页。

相距稍远。①《史记·孟子荀卿列传》说墨子的生活年代："或曰并孔子时，或曰在其后。"依我在以上的考辨，此两说并不矛盾，皆可成立。

---

① 关于曾参、子思卒年，参见钱穆《先秦诸子系年》，商务印书馆 2001 年版，第 694 页。

二 墨家思想与先秦诸子的关系

　　墨家是先秦诸子百家中的重要学派之一，它与先秦诸子"九流十家"的思想都具有密切的关系。在古代学术界，自先秦以来，虽然儒家的孟轲、荀卿和道家的杨朱、庄周对墨家都有激烈的批评，但"儒墨""杨墨"或"孔墨"并称亦为当时所常见，"墨子学儒者之业，受孔子之术"（《淮南子·要略》）的观念似已深入人心。近代以来，墨学复兴，多数学者虽仍仅较多地关注于儒、墨的异同与"相非"及其渊源关系，但已有许多学者对墨家与道、名、法、阴阳等其他诸子学派的关系进行了深入探讨。如，对于墨家和道家的关系，学者认为墨家的"兼爱""节用"和"非攻"，乃出于道家的"慈""俭"和"不敢为天下先"①，后期墨家对诸子学派的批评主要即是对名家诡辩学派和道家老庄学派的批评②；对于墨家与名家的关系，虽然有学者否认先秦名家的存在，但更多学者则肯定墨家（特别是后期墨家）与名家的

---

　　① 江琼：《读子卮言》，华东师范大学出版社 2012 年版，第 69 页；陈柱：《墨学十论》，华东师范大学出版社 2015 年版，第 117 页。

　　② 冯友兰：《中国哲学史新编》（上），人民出版社 1998 年版，第 459—472 页。

联系，甚至认为名家源自墨家，名家其实只是墨家的一个别派①；对于墨家和法家的关系，学者认为法家的弃文尚质的主张和集权思想与墨家的"尚同"和"贵俭"之说虽有差异，但实具有历史的渊源关系②，等等。

以往的学术界对墨家与先秦诸子百家的关系各种探讨，虽然在不少地方、特别是在儒墨关系方面可谓已相当深入，但同时也存在明显的不足：一是这些研究在全面性和系统性上还很不够，它们更多的只涉及到墨家与儒、道、名、法等几个诸子学派的关系，对其他诸子学派则基本没有涉及；二是这些研究基本停留在墨家思想与其他诸子学派静态比较的层面上，很少从"百家争鸣"、即学术批评和思想交锋的角度来考察墨家与其他诸子学派的关系。

有鉴于此，本篇拟从墨家对先秦其他诸子思想的学术批评、"争鸣"或思想交锋的角度，对墨家与先秦诸子的关系做出新的全面和系统的梳理，以期为学术界的墨学及先秦诸子思想研究做出新的探索和尝试。

（一）儒、墨思想之关系

墨家批评儒家，最难让人理解的一点，大概在于墨家虽批评儒家，但它和儒家其实又存在某种渊源关系。《淮南子·要略》曰：

---

① 胡适：《中国哲学大纲》，上海古籍出版社1997年版，第135页；吕思勉：《先秦学术概论》，岳麓书社2010年版，第94页。

② 陈柱：《诸子概论》（外一种），华东师范大学出版社2015年版，第320页。

　　……孔子脩成、康之道，述周公之训，以教七十子，使服其衣冠，脩其篇籍，故儒者之学生焉。墨子学儒者之业，受孔子之术，以为其礼繁扰而不说，厚葬靡财而贫民，（久）服伤生而害事，故背周道而用夏政。禹之时，天下大水，禹身执耒垂（畚）以为民先，剔河而道九岐，凿江而通九路，辟五湖而定东海。当此之时，烧不暇撌，濡不暇扢，死陵者陵葬，死泽者泽葬，故节财、薄葬、闲（简）服生焉。

　　根据《淮南子》的这一记载来看，墨家的形成实与儒家有密切的渊源关系。具体地说，即是墨子曾"学儒者之业，受孔子之术"。

　　尽管历代都有学者认为，在《淮南子》的这段话中，"此'学'字、'受'字，不可作相师及受业解，谓读其书而已"。[①]但根据我的考证，墨子当生于公元前 525 至公元前 520 年之间，约卒于公元前 438 年，这与孔子的生卒年相距约在二三十年之间，故《史记·孟子荀卿列传》所谓墨子之生活年代"或曰并孔子时，或曰在其后"。两说都是可以成立的。孔子生卒年在公元前 552 至前 479 年，墨子曾经师从或受业于孔子，那是完全可能的。[②] 更何况，根据前人的研究，墨家的很多思想，实际上是可以在孔子及儒家思想中找到源头的。例如，"墨子唯一之主义，在乎'兼爱'"。[③]但"兼爱"之义，在孔子已屡言之。《论语》既记载有孔子告诫弟子"入则孝，出则悌，谨而信，泛爱众，而

---

① 陈柱：《诸子概论》（外一种），华东师范大学出版社 2015 年版，第 137 页。
② 高华平：《墨子生卒年新考》，《江西师范大学学报》（哲社版）2018 年第 5 期。
③ 陈柱：《诸子概论》（外一种），华东师范大学出版社 2015 年版，第 312 页。

亲仁"(《论语·学而》)。"泛爱"亦即"兼爱"也;而孔子又有"博施于民而能济众"之说。由此可见,"兼爱"实亦为孔门儒家所持有。且这一思想主张的提出实早于墨子,应为墨家学说之所从出。不仅如此,近人张孟劬、陈柱等还以为墨家兼爱之外,尚贤、非命、节用、明鬼诸义亦皆由儒家之"所从出也",为"孔子习而诵焉者也","及至墨子发辉而光大之"。① 因为《大戴礼记·千乘篇》曾记孔子之言曰:

> 夫政以教百姓,百姓齐以嘉善。故蛊佞不生,此之谓良民。国有道则民昌,此国家之所以大遂也。卿设如大门,大门显美,小大尊卑中度,开明闭幽,内禄出灾,以顺天道。近者闲焉,远者稽焉。君发禁,宰受而行之。以时通于地,散布于小,理天之灾祥,地宝丰省。及民共飨其禄,共任其灾,此国家之所以和也。国有四辅。辅,卿也。卿设如四体,毋易事,毋假名,毋重食。凡事尚贤进能,使知事爵不世,能之不忿。凡民戴名以能,食力以时,成以事立。此所以使民让也。民咸孝弟而安让,此以省怨而乱不作也,此国之所以长也。下无用则国家富,上有义则国家治,长有礼则民不争,立有神则国家敬,兼而爱之则民无怨心,以为无命则民不偷。昔者先王立此六者而树之德,此国家所以茂也。

将孔子的这段话与墨家之义相比较,可见二者相同的地方的确不少,二家思想确实存在某种渊源关系。在孔子的这段话中,

---

① 陈柱:《诸子概论》(外一种),华东师范大学出版社 2015 年版,第 310 页。

"'夫立政以教百姓'云云，非尚同之法邪？'内禄出灾，以顺天道'云云，非天志之说邪？'卿设如四体，尚贤进能'云云，非尚贤之说邪？'下无用则国富'，无用即节用也；'上有义则国家治'，有义即法仪也；'立有神则国家敬'，立神即明鬼也；'兼而爱之则民无怨心'，则《兼爱篇》之义也；'以为无命则民偷'，则《非命篇》之义也。"（陈柱语）即使《大戴礼记·千乘篇》的内容本出自于《孔子三朝记》，其中所记孔子之说乃孔子告鲁哀公之言，"亦不过（孔子）叙古先哲王遗教如是耳"；或者说这些记载即使出于孔子后学所记，但它们"亦必有所本，否则无缘以墨氏之说厚诬孔子"也（张孟劬语）。①

墨家之源出儒家，墨子曾"学儒者之业，受孔子之术"，其基本思想与儒家思想具有密切的渊源关系。这可以说是毋庸置疑的。那么，这样的墨子及墨家，为什么要对孔子及儒家学派进行批判和非难呢？难道真如有的学者所云，墨家所"非"之儒乃是"有道德，有道术之通名，不特儒家称为儒"，或者说"墨子不非儒"，《墨子》书中的"非儒"之言，"皆非墨子本意"②？此又不然。理由如下：

首先，根据《淮南子·要略》的记载和《墨子》自己的叙述，墨子"非儒"并非是对儒家的所有观点进行批判和否定，而只是不认同儒家思想中的某些观点和做法。《淮南子·要略》说墨子以儒者"其礼繁扰而不说，厚葬靡财而贫民，（久）服伤生

---

① 以上并见陈柱《诸子概论》（外一种），华东师范大学出版社 2015 年版，第 309—310 页。

② 陈柱：《诸子概论》（外一种），华东师范大学出版社 2015 年版，第 137 页。案：章太炎《诸子略说》先有此说。章氏以为"孔子所言，与墨子相同者五"（见《诸子学略说》，广西师范大学出版社 2010 年版，第 74 页）。

而害事"。即表明，墨子所反对的实际只是儒家的部分"礼"（如"繁文缛节""厚葬久服"），而非儒家全部的思想主张。在《墨子·非儒下》篇中，作者所批评的，也只是"久服""亲丧""强执有命""繁饰礼乐""君子循而不作""君子胜不逐奔""君子若钟"及孔子的某些言行，而非对儒家的仁、义、礼、智、信（圣）等核心价值观进行批驳。而且，正如墨子本人所说，墨子批评儒家的某些观点，很可能是在某个具体的时间、地点，针对某种具体情况而做出的。《韩非子·内储说上七术》记载说：齐桓公时，"齐国好厚葬，布帛尽于衣衾，材木尽于棺椁，桓公患之，以告管仲曰"云云。可知，"厚葬久服"，在齐桓公时代已习以成俗。墨子批评"厚葬久服"，有可能即是针对当时的社会风俗而言的，而并非仅仅是针对儒家的思想主张也。故《墨子·鲁问篇》载墨子语魏越云：

> 国家昏乱，则语之尚贤、尚同；国家贫，则语之节用、节葬。国家熹音湛湎，则语之非乐、非命；国家淫僻无礼，则语之尊天、事鬼；国家务夺侵凌，即语之兼爱、非攻。

这就是说，墨子在何种情况下批评何种思想观点或学说，是并无一定之规的。他批评儒家的思想和行为，实际只是其由繁缛礼节造成的奢侈浪费和命定论两个方面。而且，这还是在"国贫"而"熹音湛湎"这样的前提之下提出的。在"国贫"的背景下，不独儒家，所有提倡繁文缛节之"礼"以造成浪费的言行实都在墨子所"非"之列。儒家在当时的背景下，以其"显学"的声势提倡厚葬久丧和礼乐、天命之类，墨子要批评当时的世风侈靡，把一些社会风俗都算在儒家的名下，也就不难理解了。而批评儒家思想言论的错误，揭露儒家观点创始人孔子言行中存在的矛盾之处，也就是势所必然了。

其次，在孔、墨时代，我国的学术思想处于自由发展的阶段，各个学派和学派之间互相争鸣或相互批评，本来极为常见；即使在孔子和孔子弟子之间亦是如此。《史记·仲尼弟子列传》说："子路性鄙，好勇力，志伉直，冠雄鸡，佩豭豚，陵暴孔子。"但这种"陵暴"绝不能理解为肢体上的"陵暴"，而应该是思想观点上对孔子毫不客气的抨击。《论语·子路》载：

> 子路曰："卫君待子而为政，子将奚先？"
>
> 子曰："必也正名乎？"
>
> 子路曰："有是哉，子之迂也！奚为正？"
>
> 子曰："野哉，由也！君子于其所不知，盖阙如也。名不正，则言不顺；言不顺，则事不成；事不成，则礼乐不兴；礼乐不兴，则刑罚不中；刑罚不中，则民无所措手足。故君子名之必可言也，言之必可行也。君子于其言，无所苟而已矣。"

如果说子路对孔子"正名"的嘲讽和批评，是他的粗鄙的个性使然的话，那么孔子其他弟子对儒家及孔子本人观点的诘难，就不能简单理解为某个弟子的个性问题了。《论语·阳货》载：

> 宰我问："三年之丧，期已久矣。君子三年不为礼，礼必坏；三年不为乐，乐必崩。旧谷既没，新谷既升，钻燧改

火，期可已矣。"子曰："食夫稻衣夫锦，于女安乎？"曰：
"安。""女安，则为之。夫君子之居丧，食旨不甘，闻乐不
乐，居处不安，故不为也。今女安，则为之！"

宰我对儒家孔子的"丧礼"持完全否定的态度。他认为，
"三年之丧"不仅是"久服伤生而害事"，而且"三年之丧"必
使"礼坏"而"乐崩"，几乎可说是导致当时社会"礼崩乐坏"
的直接原因。故有学者以为宰我"近乎墨家者流也"。① 而《墨
子·非儒篇》中所"非"孔子之出处行事，乃在于其有与孔子
本人所提倡之仁、义、忠、信相违背之处。尽管如《孔丛子·诘
墨篇》对之一一进行了辩护，但这仍然改变不了孔子的行为在当
时已遭到质疑和诘难的事实。而且，这种质疑和诘难，很多时候
并不来自儒家之外的其他诸子学派，而是恰恰来自孔子自己的弟
子。《论语·阳货》又载：

公山弗扰以费畔，召，子欲往。子路不悦，曰："未之
也，已，何必公山氏之之也？"子曰："夫召我者，而岂徒
哉？如有用我者，吾其为东周乎？"

佛肸召，子欲往。子路曰："昔者由也闻诸夫子曰：'亲
于其身为不善者，君子不入也。'佛肸以中牟畔，子之往也，
如之何？"子曰："然，有是言也。不曰坚乎，磨而不磷；不
曰白乎，涅而不缁。吾岂匏瓜也哉？焉能系而不食？"

---

① 陈柱：《诸子概论》（外一种），华东师范大学出版社2015年版，第193页。

　　孔子的行为之所以往往和自己所宣传的道义发生背反，并引起包括自己学生在内的他人的质疑、诘难与嘲笑，其中最根本的原因，可能既是因为孔子前后言辞的背反，也是因为孔子心中坚持的道义原则与其追求的政治理想之间存在不可调和的矛盾。但不管怎样，这的确说明，在孔子时代，即使是追随孔子的弟子们，对孔子的思想主张和言行也是经常提出非难和批评的。因此，作为只是曾"学儒者之业，受孔子之术"的墨子，其作出《非儒》之篇也不是绝不可能、或完全不可理解的。更何况，即使儒家的创始人孔子本人，他曾师事道家的老聃，受过老聃的谆谆教导，但最终不也是与道家分道扬镳、背"朴"而用"文"，否定了道家的古直质朴之道而尊崇文武周公之道了吗？《论语·宪问》载：

　　　　或曰："以德报怨，何如？"子曰："何以报德？以直报怨，以德报德。"

　　"以德报怨"一句，见于传世本《老子》第六十二章，作"报怨以德"，《论语》在这里却将此语记成了"或曰"。或许是因为《论语》的编纂者认为此语出自老子，孔子曾师从老子，把孔子记成为一位背叛师说而直接批评老子的人，似乎有些不大好，故而将其改成为"或曰"的吧。但正如黄式三《论语后案》所指出的："以德报怨"实为老氏之说。① 故孔子在此提出"以直报怨，以德报德"，显然是在与老子唱对台戏，是在否定和批

---

　　① 程树德：《论语集释》（三），中华书局1990年版，第1313页。

评老子"以德报怨"的思想观点。——孔子和他的弟子们都可以直接批评老师的思想观点和言行，为什么到了曾"学儒者之业，受孔子之术"的墨子那里，他就不可能来"非儒"了呢？是否可以反过来思考，墨子与孔子及其弟子一样，都对老师的学说及言行进行过直接的、直言不讳的批评，这正好说明了墨子是受过孔子的嫡传——的确曾"学儒者之业，受孔子之术"的。甚至可以说，正因为墨子有这样的学术经历，他的学说和思想与儒家及孔子思想有如此关系，才对孔子及儒家思想和言行提出了深中要害的批评与非难。

当然，根据我的研究，现存《墨子》书中的《非儒下》篇，可能只有前半部分是墨子自己的观点，而后半部分则应该是秦统一天下之后的墨子后学所作。对于这一点，我们留待下文再说。

（二）墨子及其后学的"非儒"

《墨子·公孟》篇曾批评"儒之道足丧天下者，四政焉"。对儒者"以天鬼为不明""厚葬久丧""弦歌鼓舞"和"以命为有"四者提出了批评。但在现有文献中，最能集中地反映墨家对儒家学术批评的，则仍当数《墨子》一书中的《非儒》一篇。《非儒》原为上、下二篇，今仅存《非儒下》篇。但就是这篇集中批评儒家思想的文章，学术界对其作者和具体的批评对象，却存在着不同看法。毕沅认为，此篇为"述墨氏之学者设师言以折儒也"，"门人小子臆说之词，并不敢以诬翟也……后人以此病翟，非也"。孙诒让则举《荀子·儒效篇》云："逢衣浅带，解果其冠，略法先王而足乱世；术缪学杂，举不知法后王而一制度，不知隆礼义而杀《诗》《书》，其衣冠行伪已同于世俗矣……是俗儒者也。"而认为"是周季俗儒信有如此所非者，但并此以非孔子，则大氐诬诋增加之辞"。① 即认为《非儒》篇应该不是墨子所作，而是墨子后学的妄增，"非儒"之账不应算在墨子头上，至少其中的"非孔"之账不应算在墨子头上。

我在上文已经指出，墨子本人是否曾"非儒"或"非孔"，这恐怕皆不可以臆断。孔子在世时，孔子的弟子即对孔子思想观点有许多质疑和批评。墨子早年"学儒者之业，受孔子之术"，后来却"背周道而用夏政"，故而不论其"非儒"还是"非孔"，这对他来说都是合情合理的，完全没有必要曲予回护。但这只是问题的一个方面。问题的另一方面是，墨子在理论或逻辑上可能"非儒"和"非孔"，并不等于事实上墨子必定存在"非儒""非孔"的行为。墨子是否真的曾经"非儒"或"非孔"，或者合"儒""孔"而并"非之"，这既要看理论和逻辑上是否可能，更要看历史文献上是否确有根据。

就《墨子·非儒下》篇来看，此篇在结构和内容上似存在一个显著的特点，即该篇实存在前半"非儒"、而后半"非孔"的不同（且其前半在"儒者曰"中间，强加入了"有强执有命以说议曰"一段，文气不顺，似为《非命》篇错入）。前半以"儒者曰"和"又曰"起头，先陈述儒者的观点，然后分别加以批评；后者自"夫一道术学业，仁义也"始，则专门针对"孔丘之行"（依次为"晏子言孔子为人""孔子之齐""孔丘为鲁司寇""孔丘穷于陈蔡之间""孔丘与其门弟子闲坐"等）与其所

---

① 孙诒让:《墨子间诂》（上册），中华书局 2001 年版，第 286 页。

提倡的仁义之术的"相反谬也",分别进行非难。故近代以来学者多认为《墨子》中的《非儒下》篇,自"夫一道术学业,仁义也"以下,专"非"孔子之行,"与上文就事立论者显然有别,不类一篇文字,疑经后人补缀窜乱,非墨书之旧也"。① 而《淮南子·氾论训》论儒、墨是非之起时,亦曰:"夫弦歌鼓舞以为乐,盘旋揖让以修礼,厚葬久丧以送死,孔子之所立也,而墨子非之。"可见,在孔、墨在世之时,孔子在当时社会影响最大的主要学术观点,乃"弦歌鼓舞"的乐论、"盘旋揖让"的礼论和"厚葬久丧"的孝道等几个方面,而《非儒下》篇前半部分所针对的,也正是孔子儒家学说的这几个方面。换言之,从《非儒下》篇的内容本身和孔子在世时其思想影响最大者来看,《墨子·非儒下》篇的内容和作者既存在着前后两部分的不同,墨家对儒家的学术批评亦应存在着前后两个阶段的不同。墨子本人或墨子在世之时,墨家对儒家的批评应该直接针对出于孔子本人的"弦歌鼓舞"的乐论、"盘旋揖让"的礼论以及"厚葬久丧"的孝道。而此时墨子的学术批评,也完全只是对孔子本人学术观点的批评,而不见一点对孔子人身攻击的影子。故传世本《墨子·公孟》篇载有墨子与儒家公孟子的长篇对话,其中墨子对儒家观点多有批评,但其批评的内容却与《非儒》篇一样,仅局限于儒者之"贫富寿夭,错然在天"、厚葬久丧和虽怀疑鬼神

---

① 吴毓江:《墨子校注》(上册),中华书局 2001 年版,第 433 页。案:吴氏原文曰:"自'以所闻孔丘之行'以下,与上文就事立论者显然有别,不类一篇文字"云云。但此段前"夫一道术学业,仁义也。皆大以治人,小以任官,远用遍施,近以修身,不义不处,非理不行,务兴天下之利,曲直周旋,利则止,此君子之道也"数句。是为下文批评孔子提出是非标准,应与下文"以所闻孔丘之行"为一整体。故吴氏之言应曰"自'夫一道术学业'以下,与上文就事立论者显然有别,不类一篇文字"云。

无有却"必学祭祀"的矛盾上，而并无对孔子的人身攻击。《墨子·耕柱》篇对儒家的推己及人之爱和无鬼论等也有毫不隐讳的批评①，但亦无一处对孔子本人的攻击。不仅没有一处对孔子本人的攻击，墨子还认为对孔子之有"当而不可易者也"，固应"称之"（《墨子·公孟》）。但到了战国中后期墨子弟子或后学那里，墨家原来那种对儒家的学术批评已发生明显的变化：主要表现为这种批评已明显超出了学术批评的限度，而发展成对儒家的全面挞伐乃至人身的攻击——用《庄子·齐物论》中的话说，儒、墨两家之间已是不问是非，而是"是其所非而非其所是"。只要是儒家的观点，墨家就要开展批评；反之，亦然。更有甚者，则和法家一样，对儒家的祖师孔子直呼其名，毫不留情地加以嘲弄与批评。——《墨子·非儒下》篇的后半部分，直呼"孔丘"，斥其不仁不义，俨然已超过了《庄子》一书，而与法家《韩非子》中的口吻极其相似。故前辈学者多以《非儒》篇已"非墨书之旧"，当属"后人补缀窜乱"。

《墨子·非儒下》篇的后半部分，应属战国中后期甚至更晚的墨家后学对儒家的批评。这一点，我们还可以从今本《孔丛子·诘墨》篇对《非儒下》篇的反诘中得到证明。由《孔丛子·诘墨》篇篇末称"曹明问子鱼"作《诘墨》之由，可知《诘墨》的作者当为孔子之九世孙鲋（字子鱼）。孔鲋生于公元前 264 年（秦襄王四十三年），秦末入陈胜军。秦灭六国在秦始

---

① 案：《墨子·耕柱》篇在记墨子言论中，突然插入"叶公子高问为政于仲尼"一节，而此节末曰："故叶公子高未得其问，仲尼亦未得其所以对。"与《韩非子》之《难一》《难二》《难三》《难四》诸篇叙述模式相同，故疑此为法家著作《韩非子》之类错入。又，《耕柱》篇随后又有公孟曰："君子不作，术（述）而已"一节，则疑似为《公孟》篇错入。

皇二十七年（公元前 220 年），秦始皇十四年（公元前 213 年）用李斯之"策"以"别墨白而定一尊"。这也就是说，孔鲋的这篇反诘墨家攻击孔子的《诘墨》篇，一定完成于秦统一天下的公元前 220 年之前。因为那时可能还有"百家争鸣"、儒墨相非的社会环境。而墨家《非儒下》篇的后半部分，也应该就写于《诘墨》篇成文之前不久，因为也只有这样，《诘墨》篇中的"诘墨"才是有的放矢和具有现实意义的。

在前期墨家对儒家的学术批评中，墨子所批评的主要为儒家孔子所提倡的"弦歌鼓舞"的乐论、"盘旋揖让"的礼论和"厚葬久丧"的孝道。今存《墨子》一书中有《节用上》《节用中》（《节用下》阙）、《节葬下》（《节葬上》《节葬中》阙）、《非乐上》（《非乐中》《非乐下》阙）诸篇，应该即是墨子针对儒家孔子以上言行提出学术批评的作品。《墨子》之《非乐上》篇首先提出了"仁人"的行事标准："必务求兴天下之利，除天下之害。"然后指出，今"民有三患：饥者不得食，寒者不得衣，劳者不得息"。继而墨子得出结论说：

> 是故墨子之所以非乐者，非以大锺、鸣鼓、琴瑟、竽笙之声以为不乐也，非以刻镂（华）文章之色以为不美也，非以刍豢煎炙之味以为不甘也，非以高台厚榭邃野之居以为不安也……然上考之不中圣王之事，下度之不中万民之利，是故子墨子曰：为乐非也。

由于《墨子·非乐中》《非乐下》两篇已阙，仅就今存《非乐上》篇而言，则墨子在这里与其说是在批评儒家的乐论思想，不如说是在批评当时上层社会存在的奢靡享乐之风；与其说是在就当时的社会风气和艺术观点进行学术批评，还不如说是在对当时的社会风气和社会现象进行一种社会批评。

《墨子·节用上》《节用中》《节用下》三篇和《节葬下》篇，从表面上看，都是在宣扬墨家的"贵俭"观点，但如果从《墨子》诸篇皆凡立论必有所破、凡"是"必有所"非"的结构模式来看，则其正面立论"节用""节葬"——"贵俭"的思想主张之时，同时也必是在对儒家之"繁礼"予以否定和批评。《汉书·艺文志》在说墨家"上原之"的上古尧舜禹文武诸王"茅屋采椽"之"节用"目的——"贵俭"之后，又说：墨者"见俭之利，因以非礼"。这也就是说，与墨家对"节用""节葬"——"贵俭"等正面立论相对的，其实乃是儒家的"繁礼"，是对儒家"盘旋揖让"或"其礼繁扰而不悦"（王念孙曰："'悦'当为'悦'"）的非难与批评。

同墨子对儒家"乐论"的批评一样，墨家批评儒家礼论也并非是在进行理论上的批判，而更主要乃是由儒家所提倡的"盘旋揖让"和"繁扰而不悦"之礼所造成的社会效果出发，就儒家所提倡的"繁扰之礼""加费不加于民利"这一点而展开的社会批评。而且，由于孔子本人虽对于礼十分重视，一心想恢复周礼，但当鲁人林放"问礼之本"时，他却说："礼，与其奢也，宁俭；丧，与其易也，宁戚。"（《论语·八佾》）即孔子也并不是一味强调礼之形式的繁缛与过度文饰的。故墨子对儒家礼论的批评，也就不可能是专门针对孔子本人的了；而应该是针对那些只求以外在的繁文缛节来炫惑世人之"俗儒"的。

《墨子·节用》上、中（《节用下》阙）二篇也是墨子宣传

"贵俭"主张和"非"儒家所倡之礼的作品，因为此时儒家的"礼"已是"礼经三百，威仪三千"——在所谓吉凶军宾嘉"五礼"中，既有属于国家祭祀大典的礼仪，也有包括与士人生活密切相关的婚丧嫁娶之礼等，故《节用中》篇在论"节用之法"时也提出了"古者圣王制为节葬之法曰：'衣三领，足以朽肉；棺三寸，足以朽骸。堀穴深不通于泉，流不发洩，则止。死者既葬，生者毋（母）久丧用哀。'"而《节葬下》则是对违背这一"节葬之法"的"今天下之士君子"的直接批评。对"后世之士君子"以"厚葬久丧"为"仁也、义也、孝子之事也"，或"犹多皆疑惑厚葬久丧之为中是非利害也"、或以为"厚葬久丧"为"众人民""治刑政""干上帝鬼神之福"等等的观点，予以了一一反驳。因此可以说，墨子对"厚葬久丧"的批评，实际就是对儒家丧礼的批评，是墨子"非"儒家之"礼"的一部分。

后期墨家对儒家的学术批评，应该主要发生在战国中后期的秦国。

墨学传入秦国的起始时间，学术界还存在不同的看法。已故美籍华裔学者何炳棣先生认为，"秦墨"的出现当在秦孝公任用商鞅变法之前的秦献公（公元前384—前362年在位）之时。至迟到秦孝公任用商鞅变法之后，大批墨者向秦国集中则是没有问题的。[①]《吕氏春秋》之《首时》《去私》《去宥》诸篇，分别载有"东方墨者"和"秦之墨者"田鸠、谢子、唐姑果、腹䵍等人见秦惠王之事，可见当时秦国墨家之活跃。而此

---

① 何炳棣：《国史上的"大事因缘"解谜——从重建秦墨史实入手》，《光明日报》2010年6月3日第10—11版。

时墨者之所以云集于秦国，应与商鞅变法以后秦国推行"法治"的环境有关。殆商鞅实行"什伍连坐"、劝赏告奸及奖励军功等项政策，虽有"刻暴寡思"之弊，而与墨家的"兼爱""非攻"主张相冲突，但商鞅之法一切以功利为皓的，"僇力本业"，"奖励耕织"，主张禁绝《诗》《书》及儒者等扰乱国家的"六虱"，这又是与墨家的思想主张完全吻合的。故在法家思想主导下的秦国，在荀子时已是举国"殆无儒"也（《荀子·彊国》），而如韩非、李斯之类，则先后斥儒者为"五蠹"之一，并对孔子的言行不断进行质疑，以至于提出了"别黑白而定于一尊"这种统一思想的主张，采取了"焚书坑儒"这种打击儒学的行动。而此时的"秦之墨者"对儒家的态度，亦竟有与秦晋法家合流之势。对此，我们只要看看《韩非子》中对墨家的态度，将《墨子·非儒下》篇对孔子言行的"诘难"与《韩非子》一书中的相关内容加以对比，即可见出二者的一致。（如《韩非子·说林下》载孔子使弟子"导子西之钓名"以见孔子势利、《内储说七术上》载孔子赞"殷之法刑弃灰于街者"以见孔子重刑、《难一》质疑孔子称赞赵襄子先赏高赫为"仲尼不知善赏"、《难二》质疑孔子称赞周文王"请解炮烙之刑"为太过、《难三》批评孔子对叶公和鲁哀公问政为"亡国之言也"，等等）。故我认为，《墨子·非儒下》篇后半部分对孔子的"非难"，应该与《非儒下》篇前半部分产生于不同的时代——应该是产生于战国后期的儒、墨论争之中，甚至有可能产生于秦国统一天下前后的法、墨合流之势中——更具体来说，即是孔鲋作《孔丛子·诘墨》篇之前不久的时间。

（三）墨家对道家的学术批评

上文我们在论述墨家对儒家之"繁礼""揖上"的批评时，曾引用《汉书·艺文志》的内容指出墨家之所以如此的动机或出发点，乃在"贵俭"二字。但如果检视先秦诸子百家之后，我们就会发现，"贵俭"并非为墨家独有的思想主张，其他诸子学派也多有此种思想。如先秦道家。《老子》第六十五章曰："我有三宝，持而保之：一曰慈，二曰俭，三曰不敢为天下先。"老子把"俭"作为其"三宝"之一，即可知他的确也有"贵俭"主张。《墨子·亲士》一篇，毕沅"疑（墨）翟所著也"，孙诒让认为该篇"大抵《尚贤》篇之余义"。[①] 而汪中则以其中"今有五锥，此其铦，铦者必先挫……是以甘井近竭，招来近伐，灵龟近灼，神蛇近暴……故曰'太盛难守'"一段，与《庄子·山木》篇所谓"直木先伐，甘井先竭"大意相近，故谓此处当属"错入道家言二条"。[②] 我认为，在没有其他文献根据的情况下，是难以断定《亲士》篇的作者及"今有五锥"一段是属于他书错简的。但传世本《墨子·亲士》一篇有"今有五锥"一段存在，且这一段应属"道家者言"，则是确定无疑的。故我们似乎可以说，至少在《墨子》诸篇形成之时，墨家的思想中其实是或多或少地吸收了某些道家思想的成分的。《庄子·列御寇》载庄子将死，弟子欲厚葬庄子，然庄子以为："在上为乌鸢食，在下为蝼蚁食"，其实并无二样，厚葬没有任何意义。庄子的这种观

---

① 孙诒让：《墨子间诂》（上册），中华书局 2001 年版，第 1 页。
② 吴毓江：《墨子校注》（上册），中华书局 1993 年版，第 7 页。

点与墨子的"薄葬"之说，也是十分相近的。可见，墨家对先秦道家思想是做出了自己的批评的，墨家对道家思想应是既有吸收也有扬弃的。

墨家对道家的批评，冯友兰以为主要是后期墨家对老子"认为学习是无益的"（"绝学无忧"）观点和"庄周相对主义的观点"的批评。① 但据《淮南子·氾论训》在叙"儒、墨之是非"时所说，则道、墨思想似存在更广泛的分歧：

> 兼爱、尚贤、右鬼、非命，墨子之所立也，而杨子非之。

兼爱、尚贤、右鬼、非命是"墨家的十大主张"中的主要部分。②《汉书·艺文志》曰："墨家者流……茅屋采椽，是以贵俭；养三老五更，是以兼爱；选士大射，是以上贤；宗祀严父，是以右鬼；顺四时而行，是以非命；以孝视天下，是以上同。此其所长也。"但根据《淮南子·氾论训》的记载来看，在"墨家的十大主张"之中，每一项主张提出的时间先后和倡导者都是并不完全相同的。兼爱、尚贤、右鬼（即"明鬼"）、非命四项应该是墨子亲自提出的，"所立"的时间可能要早一些；而其他各项主张，即使是"墨子之所立"，其提出的时间也要晚些，有的甚至可能是墨子弟子或后学鉴于其所处的社会情势，对墨子基本

---

① 冯友兰：《中国哲学史新编》（上），人民出版社 1998 年版，第 467 页。
② 嵇文甫说："墨子的十大主张：兼爱、非攻、尚贤、尚同、天志、明鬼、非乐、非命、节用、节葬，在《墨子》书中各有专篇。"（嵇文甫：《春秋战国思想史话》，北京出版社 2015 年版，第 30 页）

思想所作的进一步发挥。如墨家的"非攻"主张的提出，就明显是作为"兼爱"之说的补充和延伸而来。因为"墨子之唯一主义，在乎兼爱"，"且攻战者，兼爱之敌也。既主兼爱，则不能不非攻。此《非攻》篇所由作也"。① 可见，"非攻"之说的提出，乃是"兼爱"主张的自然延伸，应晚于"兼爱"主张的出现。同时，墨家的这"十大主张"，又显然是在与其他诸子学派的论争中提出的——即使是在墨子正面阐述或论证其"兼爱""尚贤""右鬼"等思想主张时，亦肯定是包含有对反对其观点或主张者的反驳与批评的。《淮南子·氾论训》说兼爱、尚贤、右鬼、非攻诸义，为"墨子之所立也，而杨子非之"。这就包含有墨子这些观点的确立，乃是属于与杨朱进行学术批评与反批评结果的意思。《庄子·在宥》曰："骈于辩者，累瓦结绳窜句，游心于坚白同异之间，而敝跬誉无用之言乎，而杨（朱）墨（翟）是已。"同书《胠箧》曰："削曾、史之行，钳杨（朱）墨（翟）之口"云云。可见在当时，杨、墨学术论争之激烈。《墨子·兼爱下》曰："然天下之非兼者之言犹未止也"，《明鬼下》亦曰"今执无鬼者曰"云云，又可知墨子"兼爱""明鬼"诸论，当时已多遭非议，而《墨子》书中《兼爱》《尚贤》《明鬼》《非命》诸篇，亦不能不包含有对先秦诸子其他学派非难言论的批评明矣。

墨子"立"兼爱、尚贤、右鬼、非命诸义时，所批评和驳斥的是哪个诸子学派的何种言论呢？过去有人以为是针对儒家孔学的。我以为，若根据《淮南子·氾论训》的说法，墨子批评的不

---

① 陈柱：《诸子概论》（外一种），华东师范大学出版社 2015 年版，第 151、312 页。

是别人，而是针对杨朱及其与墨子的兼爱、尚贤、右鬼、非命相对立的观点和言论的。因为在杨、墨的论争中，既然杨朱针对墨子及墨家的兼爱、尚贤、右鬼、非命诸义"非之"，那墨子及墨家也绝不会是只顾正面宣传自己的主张而对杨朱及其徒众对自己观点的批评置若罔闻的；而必定会奋起还击，给予杨朱学派以最直接的抨击。现存《列子》书中有专记杨朱之学的《杨朱》一篇，学界历代都对其真伪存在争论。但正如近代梁启超、胡适二人所云："《杨朱篇》似从古书专篇采集以充帙者"[1]，故"这一篇的大体似乎可靠"[2]。而在《杨朱》这篇中，杨朱的思想主张似乃正为与墨子兼爱、尚贤、明（右）鬼、非命相对者，而墨家禽滑釐与杨朱之辩亦赫然在于其间。由此可知，墨子当年之"辟杨"应不虚矣。

　　杨朱，他书又作"阳朱"或"阳子居"，其事迹载籍少见。《史记》不仅无其传，且《老子韩非列传》和《孟子荀卿列传》等记载先秦诸子人物的传记中也没有提到他，《汉书·艺文志》既无其书，《古今人表》亦无其人。其事迹仅散见于先秦及汉初子书。关于杨朱的生活年代，历来存在较大争议，一般皆依刘向《说苑》称杨朱见梁王而论治，而以"杨朱行辈较孟轲惠施同时而稍前"，并推定杨朱生卒年为公元前 395 至公元前 335 年之间。[3] 我认为，这种看法将杨朱的生活时代定得太晚，而且仅据这一记载也未必能说明问题。因为从《孟子》来看，孟子虽詈斥杨朱为无君无父，"是禽兽也"，有时却仍不能不尊其为"杨子"

---

①　胡适：《中国哲学史大纲》，上海古籍出版社 1997 年版，第 126 页。
②　梁启超：《老子、孔子、墨子及其学派》，北京出版社 2016 年版，第 272 页。
③　钱穆：《先秦诸子系年》，商务印书馆 2002 年版，第 284、695 页。

（《孟子·尽心上》），而且从来皆称"杨、墨"而不曰"墨、杨"。（要知道当时的"显学"可是"儒、墨"，而不是"儒、杨"啊！）这说明，杨朱的年辈不仅应早于孟子，而且还要早于墨子。因此，孟子才会将杨、墨两家这样排序的。况且，《庄子·应帝王》和《寓言》二篇都有杨朱（阳子居）见老聃的记载，后人也都相信杨朱师事老子一事，则杨朱自应与孔子为同辈，即使晚于孔子，也应与孔子弟子中之年长者行辈相当，这样才有可能与孔子一样直接受教于老子（老聃）。①

从学理上看，杨朱也正是继承了老子学说中的养生成分而加以发展的。《孟子·滕文公下》曰："杨子为我，是无君也。"同书《尽心上》曰："杨子取为我，拔一毛而利天下，不为也。"《吕氏春秋·不二》曰："阳生（即杨朱）贵己。"（高诱注："阳生轻天下而贵己，孟子曰'阳子拔体一毛以利天下，弗为也。'"）可知杨朱的思想特点就是所谓"为我"或"贵己"。但此"为我"或"贵己"，却"并不是损人利己"，因为"他一面贵'存我'，一面又贱'侵物'，一面说'损一毫利天下不与也'，一面又说'悉天下奉一身不取也'。他只要'人人不损一毫，人人不利天下'"。② 这是杨朱的根本学说。所以我认为，杨朱的这种思想主张实际是先秦道家的一种养生学说，是由老子的养生论发展而来的。《老子》曰："见素抱朴，少私寡欲。"（第十九章）又曰："我有三宝，持而保之。一曰慈，二曰俭，三曰不敢为天下先。"（第六十五章）于是一般人便以老子的生存之

① 高华平：《先秦诸子与楚国诸子学》，北京师范大学出版社2016年版，第120—121页。
② 胡适：《中国哲学史大纲》，上海古籍出版社1997年版，第129页。

道，全都是寡欲无私和退隐无为的柔道了。但这其中实在是存在不少误解的，至少是有意无意地忽视了老子的辩证法思想。因为在老子那里的确重视和强调无私寡欲无为、"为人""与人"等等，但在老子那里，这些其实都只是手段而非目的。《老子》自己本来已说得很清楚，为什么要"与人"、要"为人"、要"无为"呢？只是因为"圣人"是"不积"的："既以为人，己愈有；既以与人，己愈多。"（第八十一章）还因为"为道"又是需要"日损"的："损之又损，以至于无为，无为而无不为。"（第四十八章）故《老子》第七章曰：

> 天长地久。天地所以长且久者，以其不自生，故能长生。是以圣人后其身而身先，外其身而身存。非以其无私邪？故能成其私。

由此可知，老子的所谓"去欲""无私""外身""无为"，实际是为了实现更多的"欲"，更大的"私"，更多的"为"——"无不为"。而杨朱的所谓"为我""贵己"，虽表面上看起来是那样的"极端自私"，但实际则和老子的"见素抱朴，少私寡欲"一样，只是保持个人的原始的本真状况，为了返璞归真而"天下治矣"。（宋代苏轼《赤壁赋》曰："苟非吾之所有，虽一毫而莫取。"正是杨朱所谓"人人不取一毫，人人不利天下"之义。）从这个意义上讲，墨子对杨朱思想观点的批评，未必不可以看成是对先秦道家及老子思想本身的批评。

因为先秦诸子的著作中"立"与"破"、批评与反批评往往是同时并存的，故墨子对杨朱及其先秦道家思想的批评，也应该

主要是存在于墨家之"立"兼爱、上（尚）贤、右鬼（明鬼）、
非命诸义的各篇之中。

《墨子·兼爱》上、中、下三篇所"立"，皆"兼（相）爱"
之义。《吕氏春秋·不二》《尸子·广泽》亦皆云："墨子贵兼。"
可见，"兼爱"乃墨子及墨家最根本的学说。但《兼爱》篇在
"立"论"兼"义之时，又对与之相对立的"今天下之士君子之
言"或"天下之士非兼者之言"进行了反驳和批评。那么，《墨
子·兼爱》所批评和反驳的"今天下之士君子之言"或"天下
之非兼者之言"都是哪些人的言论呢？依《淮南子·泛论训》
可知，此即是杨朱的"为我"之论。而由《墨子》书中之论可
知，其中与"兼"相对的乃是"别士"之"别"。《墨子·兼爱
下》认为："当今之时"的"天下之大害"，皆"从恶人、贼人
生"；而"名分乎天下恶人而贼人者，兼与？别与？即必曰别
也。"故而他得出结论："是故别非也。"这说明，墨子所批评的
与"兼"相对的，乃是"别"论。

梁启超也认为，《墨子》中与"兼"相对的，正是"别"。
但他又说："墨子以'别'与'兼'对，若儒家正彼所斥为'别
士'者也。"① 这是以孟子批评杨朱"为我"为不爱君父的思路
看待墨子和杨朱的批评与反批评，而不是以杨朱、墨翟本身的立
场看待二者的互"非"。实际上，杨朱所"非"墨子的"兼爱"，
并非儒家的"等差之爱"，而是墨子所谓与"自爱"相对的"兼
爱"。故《兼爱》诸篇释"兼爱"之义为"兼相爱，交相利"，
"兴天下之利，除天下之害"；而"别士"之"别"义则为："子

---

① 梁启超：《先秦政治思想史》，上海古籍出版社2014年版，第126页。

自爱不爱父，故亏父而自利；弟自爱不爱兄，故亏兄而自利；臣自爱不爱君，故亏君而自利。"（《兼爱上》）即皆在"自爱""自利"——爱之"别"而不"兼"、而不在"爱"的等差或先后顺序上。因为杨朱的"为我"，"拔一毛而利天下不为也"，不论如韩非所理解的那样："只在杨朱肯拔他身上一根毛，他就可以享受世界上最大的利益"；还是如孟轲理解的那样："只在杨朱肯拔他身上一根毛，全世界就都可以受到利益，这样杨朱还是不干。"实际都是从这样一个前提出发的，即"一个人的生命是最重要的，生活中的一切都是为的养生，也就是养身"；"身是主体，一切都为了它。一个人的身，就是他的'我'，为身就是为我"①。而且杨朱还认为，只要全社会都做到了"人人不损一毫，人人不利天下"，则"天下治矣"。所以人必须"自爱""自利"。这就与墨子以"爱人""利人"——"兼爱"为前提的"天下治矣"的方案正相对立，因而也就不能不招致墨子的坚决批评和反对。

《墨子·尚（孙诒让曰："尚与上同"）贤》上、中、下三篇，是墨子"立"其"尚贤"之论的作品。文章反复论证了贤良之士"固国家之珍，而社稷之佐也"，而"尚贤"乃"为政之本也"。墨子"尚贤"的措施是："必且富之贵之，敬之誉之。"同时，《尚贤》三篇也批评了那些"不尚贤"或不知"以尚贤使能为政"的观点和行为，"以此知天下之士君子明于小而不明于大也"。

正如墨子本人所说："今之士君子居处言尚贤"，（《尚贤

---

① 以上并见冯友兰《中国哲学史新编》（上册），人民出版社 2001 年版，第 272—273 页。

下》）"岂独子墨子之言哉！"（《尚贤中》）在先秦诸子中，言"尚贤"者实多。但在墨子之前，只有老子是明确反对"尚贤"的。老子主张"人法地，地法天，天法道，道法自然"（《老子》第二十五章）。认为一切仁、义、礼、智都应否弃，而应返归于无知无欲的"愚"或"自然"。故《老子》第三章曰：

> 不尚贤，使民不争。不贵难得之货，使民不为盗；不见可欲，使民心不乱。是以圣人之治，虚其心，实其腹；弱其志，强其骨。常使民无知无欲，使夫智者不敢为也。为无为，则无不治。

《老子》有如此"不尚贤"和"无为而治"的主张，故梁启超认为《墨子》提倡"尚贤"和"有为而治"，乃"和老子的'不尚贤'正相反"，"都是对于老学的反动"①。老子之后，道家的庄子，法家的商、韩，无不变本加厉地鼓吹老子"不尚贤"的主张。但由于他们皆出于墨子之后，故《淮南子·氾论训》仅以杨朱为"非"墨子"尚贤"主张者。这说明，墨子对当时"不尚贤"主张的批评，也明显是针对杨朱的。杨朱是老子的弟子，他继承了老子的"自然"思想并发展为"人人不损一毫，人人不利天下"的极端"为我"之论，又怎么会不反对墨子提出的以"富之贵之，敬之誉之"、而诱使贤能贡献出自己才智的"尚贤"主张呢？他反对"尚贤"，主张"不尚贤"，《墨子·尚贤》在论证其"尚贤"观点时，同时对他的学术观点展开学术批评，

① 梁启超：《老子、孔子、墨子及其学派》，北京出版社 2016 年版，第 159 页。

那也就不足为奇了。

《墨子·明鬼》上、中、下三篇，今仅存下篇。《墨子·明鬼下》一方面从理论和史实上极力证明确有鬼神，另一方面也在极力否定和驳斥"今执无鬼者"所谓"鬼神者，固无有"的观点。二者相反相成。而在墨子时代，儒家的孔子及其弟子虽"不语怪、力、乱、神"，"敬鬼神而远之"（《论语·先进》），但也并不完全是"无鬼"论者。故孔子又说："祭如在，祭神如神在。"（同上，《八佾》）而《墨子·非儒》及《公孟》诸篇虽也批评了儒家"贫富寿夭，错然在天"和"以天为不明，以鬼为不神"，但同时指出了儒者"教人学而执有命""以神鬼为不明"而犹祭祀之，二者之间存在矛盾。可见，儒者之持"无鬼论""有命论"皆是并不彻底的，并不足以成为墨子批评的例子。应该说，在墨子同时代及以前，实只有道家的老聃一系是彻底的无神论者。《老子》第六十章曰："以道莅天下者，其鬼不神。"到了老子之后的道家那里，人及其精神都成了"气"，就更不具有所谓神性了。《管子·内业》曰："凡物之精，此则为生。"又说："精也者，气之精者也。气，道乃生，生乃思，思乃知，知乃业矣……一物能化谓之神，一事能变谓之智。"《庄子·至乐》曰：人之生也，"察其始而本无生，非徒无生也而本无形；非徒无形也而本无气。杂乎芒芴之间，变而有气，气变而有形，形变而有生"。至死，则形解气散，故而他彻底否定了鬼神的存在。杨朱是史有明文"非"墨子"所立"之"有鬼"（"右鬼"）论者，他至少应该是对墨子的"天志""明鬼"之论不以为然的。而墨子在"立"其"明鬼"之论时所予以批评和驳斥的"执无鬼论"者，自然也就应该是非杨朱莫属了。至少，杨朱也是《墨子·明鬼下》所批评的"执无鬼"论者之一。

《墨子·非命》上、中、下三篇是墨子与杨朱所进行的批评和反批评中唯一以"非"字名篇者,直接表明了其内容是对"有命者"或"执有命者之言"的批评。

说到墨子的"非命",一般人都会联系起儒家的"生死有命,富贵在天"(《论语·颜渊》)之说,而今本《墨子·非儒下》的前半,在"儒者曰"中又有"有强执有命以说议曰"一段,于是很多人便认为墨子这里针对的就是孔门儒家。但我以为不然。且不说在先秦诸子"道家讲命,比儒家更甚"①,仅就《非儒下》篇前半的内容上来说,连续两个"儒者曰"所提起的都是仁爱和礼义的观点,中间绝对不应该插入一段所谓"有强执有命以说议曰"而批评"有命论"的文字,以致使整个文字显得杂乱无章。即使依孙诒让的解释,将上一个"有"字读作"又",这也与下文紧接着"儒者曰"之后皆只用"又曰"的文例仍然不符。更何况,儒家的孔子及其弟子虽也承认"有命",但他们都是"知其不可为而为之"的一群人,十分强调个人后天的学习和道德修为,即使是"老之将至"也仍不会放弃自己的主观努力的。孔子说:"为人(仁)由己","我欲仁,斯仁至矣",(《论语·述而》)从这些都不难看出其积极用世的态度。所以我疑心,这段文字有可能不是《非儒下》篇中的原文,而可能本出于《非命》篇,不知什么时候和什么原因,被人传抄时错入到《非儒下》篇中了。

我认为,在孔、墨时代最主要的"执有命者",即使不如张

---

① 张岱年:《中国哲学大纲》,中华书局2017年版,第513页。

岱年所云：先秦时"道家讲命，比儒家更甚"。至少也应该如胡适所言，把道家与儒家相称并论："老子和孔子都把'天'看作自然而然的'天行'，所以以为凡事都由命定，不可挽回。"① 因为正如我们在上文所指出的，孔子虽也信"天命"，但由于他对待世事是"知其不可为而为之"的，故他不可能完全"听命"、而有"抗命"之意。只有在老子及道家那里，"命"乃具有绝对不可违背之义。《老子》第十六章曰："夫物芸芸，各复归其根。归根曰静，是谓复命。复命曰常，知常曰明，不知常，妄作，凶。"庄子更把这种"认命""听天由命"的思想推于极致。《庄子·人间世》曰："天下有大戒二：其一命也，其一义也。子之爱亲，命也，不可解于心；臣之事君，义也，无适而非君也，无所逃于天地之间，是之谓大戒……知其不可奈何而安之若命，德之至也。"《德充符》亦曰："知其不可而安之若命，唯有德者能之。"皆以安于性命之情为至德。而《庄子》外、杂各篇亦多有此义。如《骈拇》篇曰："彼正正者，不失性命之情。"又曰："吾所谓臧者……任其性命之情而已矣。"《天运》篇曰："圣也者，达于情而遂于命也。"又曰："性不可易，命不可变，时不可止，道不可壅。"《达生》篇曰："达命之情者，不务知之所无可奈何。"皆把"命"看成不可改变之自然律，而人只能听之顺应之。

　　由"杨朱为老子入室弟子，能得真传者"而言，杨朱亦应如庄子一样，继承了老子"听命"的思想，而有命定之论，故遭到了墨子本人的坚决批判，而把他视为了"执有命者"之列。

---

　　① 胡适：《中国哲学史大纲》，上海古籍出版社 1997 年版，第 122 页。

（四）墨家对先秦其他诸子学派的批评

墨子生活的年代与孔子大略一致，属于战国初期。孔子是先秦诸子的开山祖师。故墨子本人虽然对儒家、道家的学术思想有明确的批评，但却不可能针对尚未正式形成的阴阳、纵横、法、名、农、杂等其他诸子学派提出批评。如果说墨子思想与阴阳、纵横、名、农、杂及小说家有某些联系的话，那就是因为墨家出现在前，它的思想或多或少地被其他后起的诸子学派所吸取，以至于导致了许多某家源于墨家之类说法的出现。

例如阴阳家。墨子既倡"兼爱""尚贤"，把人民之"利"放在首位；又屡言"天志""明鬼"，以证天谴祸福之不爽。《墨子·辞过》曰："凡回于天地之间，包于四海之内，天地之情，阴阳之和，莫不有也，虽至圣不能更也。何以知其然？圣人有传：天地也，则曰上下；四时也，虽阴阳；人情也，则曰男女；禽兽也，则曰牡牝雄雌也。真天壤之情，虽有先王不能更也。"此为墨子显言阴阳之例。近人蒙文通又曰："墨家尚鬼，而阴阳家'舍人事而任鬼神'（《艺文志》）"，"则阴阳家固墨学之流也"。[1]《墨子·贵义》载墨子与"日者"之言曰："且帝以甲乙杀青龙于东方，以丙丁杀赤龙于南方，以庚辛杀白龙于西方，以壬癸杀黑龙于北方"，毕沅则于其后增"以戊己杀黄龙于中方"一句。孙诒让注曰："此即古五龙之说，《鬼谷子》'盛神法五龙'，陶弘景注云：'五龙，五行之龙也。'《水经注》引《遁甲

---

① 蒙文通：《古学甄微》，巴蜀书社 1987 年版，第 312 页。

开山图》云：'五龙见教，天皇被迹'，荣氏注云：'五龙治在五方，为五行神。'《说文解字·戊部》云：'戊，中宫，象六甲、五龙相拘绞也。'义并同。然则五龙自有中宫，但日者之言，不妨约举四方耳。"则墨子不仅言阴阳，实亦是中国思想史上最早将五行与"五帝""五方""五时"相配合，同时言阴阳与五行者也，遂开此后阴阳家并言"阴阳""五行"之先河。

又如名家。先秦名家是与墨家关系最为密切的诸子学派之一，历来皆有人认为名家源出于墨家，冯友兰论后期墨家对先秦诸子的学术批评，差不多是基于对名家名辩学说的批判而展开的。冯氏之说诚为有据，只不过我们认为墨家对名家的批评实有更丰富的内容。《墨子·耕柱》篇记载治徒娱、县子硕问子墨子"为义孰为大务"时，子墨子曰："譬若筑墙然，能筑者筑，能实壤者实壤，能欣者欣，然后墙成也。为义犹是也。能谈辩者谈辩，能说书者说书，能从事者从事，然后义事成也。"可见，在墨子时代，虽名家可能尚未正式成为先秦诸子中的一家，但名辩之风则似已经形成，而墨子是认可"谈辩"的价值和意义的——认为它是"为义"的"大务"之一。因此，尽管墨子本人之言论"多不辩"（《韩非子·外储说左上》），但他很喜欢辩论则是无疑的。《墨子》书中《耕柱》《贵义》《公孟》《鲁问》《公输》诸篇，多载墨子与人辩论之辞，亦可见墨子之"谈辩"特点，即他也是从"辩名"的角度来"析理"的。故《墨子》所记其辩论之辞，多显示出严密的逻辑性。前人于此已多有解说，今但举一例以明之。《墨子·公输》载子墨子见楚惠王曰：

今有人于此，舍其文轩，邻有敝舆而欲窃之；舍其锦绣，邻有短褐而欲窃之；舍其粱肉，邻有穅糟而欲窃之。此为何若人？王曰："必为窃疾矣。"子墨子曰："荆之地，方五千里，宋之地，方五百里，此犹文轩之与敝舆也；荆有云梦，犀兕麋鹿满之，江汉之鱼鳖鼋鼍为天下富，宋所为无雉兔狐狸者也，此犹粱肉之与穅糟也；荆有长松、文梓、楩枏、豫章，宋无长木，此犹锦绣之与短褐也。臣以三事之攻宋也，为与此同类，臣见大臣之必伤义而不得。"

从形式逻辑的角度来看，在《墨子》的这一段文字里，实包含了形式逻辑（"名学"）上的两个有省略的三段论推理。第一个（有省略的）"三段论推理"中的大前提（《墨子·经说上》称"大故"），明显是被省略了。这个大前提应该是："有窃疾者""必舍其文轩，邻有敝舆而欲窃之；舍其锦绣，邻有短褐而欲窃之；舍其粱肉，邻有穅糟而欲窃之"；小前提（《墨子·经说上》称"小故"）是："今有人于此，舍其文轩，邻有敝舆而欲窃之；舍其锦绣，邻有短褐而欲窃之；舍其粱肉，邻有穅糟而欲窃之。"结论是：此人"必为窃疾矣"。而在全段整个大的三段论推理中，上面这个三段论推理，又只是一个大前提。全段整个大的三段论推理中的小前提是："荆之地，方五千里，宋之地，方五百里，此犹文轩之与敝舆也；荆有云梦，犀兕麋鹿满之，江汉之鱼鳖鼋鼍为天下富，宋所为无雉兔狐狸者也，此犹粱肉之与穅糟也；荆有长松、文梓、楩枏、豫章，宋无长木，此犹锦绣之与短褐也。"结论是：荆（楚）"为与此同类"，亦"必为窃疾矣"。

墨子用这两个缜密的类比推理来论证楚国攻伐宋国的不义，不仅具有强大的逻辑力量，而且可证明他不愧为中国"名学"理论的伟大奠基者和实践家，后期墨家"名学"理论取得了辉煌的成就，以至于人们往往认为名家源自墨家，这些都是有深刻的历史原因的。

后期墨家一般被称为"别墨"。"别墨"是指"以坚白同异之辩相訾，以觭偶不仵之辞相应，以巨子为圣人"的南方之墨者"相里勤之弟子五侯之徒"和苦获、己齿、邓陵子之属。"别墨"的"名学"理论成果，主要保存在《墨子》中的《大取》《小取》《经》上、下和《经说》上、下等六篇之中。西晋的鲁胜名之曰《墨辩》。以往有学者认为《墨辩》命题产生的时代应该在惠施（《汉书·艺文志》"名家"有"《惠子》一篇"，班固自注："名施，与庄子同时。"）等人之前，并说惠施反驳了《墨辩》中的观点。① 我认为，如果把这种看法颠倒过来，即把《墨辩》中的"坚白同异之辞"看作是宋钘、惠施到南方之后所引起的南方墨学阵容中的分歧和争辩，把"别墨"中"盈坚白""合同异"一派看作是对同属于名家惠施、公孙龙的"离坚白""别同异"一派的批评，或许更接近战国中期墨学发展的实际。② 因为根据郭沫若等人的研究，至少《墨子》中的《经》上、《经说》上和《经》下、《经说》下是互相反对的两派："《经上》派主张盈坚白，《经下》派主张离坚白"；"《经上派》的同异观

---

① 杨宽：《战国史》，上海人民出版社 2003 年版，第 573 页。
② 高华平：《先秦诸子与楚国诸子学》，北京师范大学出版社 2016 年版，第 223—227 页。

是根据常识来的,《经下》派则颇承受惠施主张"。[①] 所以,《墨
经》中"别墨"的互相批评,既可看作是后期墨家中一派对另
一派的批评,也可以看成后期部分墨家对名家惠施等人的学术
批评。

再如法家。尽管先秦法家的正式形成在墨家之后,早期的墨
家不可能批评法家的思想,但在《墨子》一书中却多有言"法"
之处。《墨子》书中"法"之义,一是动词,为效法,如《法
仪》中所谓"法父母""法天";二为法则、法度。《墨子·天志
中》曰:"是故子墨子之有天志……是以圆不圆皆可得而知也。
此其何故? 则方法明也。"《天志下》曰:"故子墨子立天志,以
为仪法。"《经上》曰:"法,所若而然也。"《经说上》曰:
"法,意、规、员三也俱,可以为法。" 《墨子》中的以上诸
"法"字,孙诒让引《礼记·少仪》郑玄注曰:"法,谓规矩之
数也。"可见,《墨子》此类"法"字,皆指法度、法则。而此
与法家之"法"多指刑法、政令不同。《说文解字·廌部》曰:
"灋(法),刑也。"(段玉裁注:"刑者,罚罪也。")墨子的
"法"虽与法家以刑赏为主要内容的"法"不同,但其对"法"
的重视,主张一切依"法"而行的思想原则和方式则是与法家完
全一致的。法家以"法"名家,这既可以说是法家受到墨家启
发、吸收墨家思想的结果,也可以说是墨家受到"前期法家"思
想中那种"尚法"观念影响的表现。故《墨子·法仪》曰:"子

---

① 郭沫若:《十批判书》,人民出版社 1954 年版,第 247—248 页。案:《墨子·天
志》有上、中、下三篇,其观点与所谓"天于人,无厚也"的观点似乎是针锋相对的。
有人视为"对(名家)邓析的批判"。(董英哲:《先秦名家四子研究》,古籍出版社 2014
年版,第 758—759 页)但《邓析子》一书真伪难定,故此处不涉。

墨子曰：天下从事者不可以无法仪，无法仪而其事能成者，无有也。虽至士为之将相者皆有法，虽至百工从事者亦皆有法。"另外，《墨子·尚同中》曰："天下之人异义，是以一人一义，十人十义，百人百义。其人数之兹众，其所谓义者亦兹众。是以人是其义而非人之义，故交相非也。"这一认识，可能直接启发了法家统一思想、禁绝百家之义主张的提出。这在中国学术思想史上产生了极为恶劣的影响。

墨家明确地对法家学术进行批评的，应该是稷下学派中的"宋钘、尹文之墨"。宋钘，又称宋轻、宋荣子。《荀子·正论》载"子宋子曰：'明见侮不辱，使人不斗。"《韩非子·显学》曰："宋荣子之义，设不斗争，取不随仇，不羞囹圄，见侮不辱，世主以为宽而礼之。"《吕氏春秋·正名》载尹文与齐王论士曰："（民）深见侮而不敢斗者，是全王之令也。"今本《尹文子·大道上》亦曰："见侮不辱，见推不矜，禁暴息兵，救世之斗，此仁君之德，可以为主矣。"可见，"见侮不辱""禁暴息兵""使人不斗"等等，的确是"宋钘、尹文之墨"的思想特点。那么，宋、尹为什么会提出这样的思想主张呢？很显然，这是在当时社会上人们为满足争强好胜的心理而"攻""斗"非常激烈和普遍的情况下提出来的。而这种通过"攻""斗"的方式去富国强兵或为个人争取荣誉的最强烈主张者，当属先秦法家。故对宋、尹"见侮不辱""使人不斗""禁暴息兵"等主张加以激烈批评者，一为"隆礼重法"的荀卿，二为法家的集大成者韩非。——而由荀卿、韩非对宋、尹主张的批评，又不难想见，当初宋、尹思想主张的提出，也并非是无的放矢的，它应该是针对法家为了自己的荣利之心而进行"斗""争"的思想观点而提出的。从这个意义上讲，宋、尹的主张也就是对法家思想观点的一种批评。

先秦诸子中的纵横、农、杂等几个学派的形成，也都晚于墨家。因此，墨子及早期的墨家都不可能对纵横、农、杂等几个学派提出批评。也可以说，墨家与纵横、农、杂、小说诸家关系并不很大。然墨家的"兼爱""非攻""尚同"诸义，与纵横家主张的攻守兼并、游说谈论、朝秦暮楚、诈谖亏人之术正相反对，故可以说，上文墨家的对法家攻战、兵斗言行的批评，在某种意义上也是对纵横家的一种批评。《墨子·贵义》自述曰："翟上无君之事，下无耕农之难。"可见，他是不直接参加农业生产劳动的。但墨子曾经"削竹以为鹊"（《墨子·鲁问》），又曾制作木鸢（《韩非子·外储说左上》），他的绝大多数弟子也都是手工业者出身，他自然不会过多关注农民和农业生产了。不过，墨子是坚决维护当时社会的等级制度的，故可以想象，墨子和墨家对农家"君臣并耕而食"的主张是一定会采取否定的态度的。至于说有人把《孟子·滕文公上》所说的许行"其徒数千人，皆衣褐，捆屦织席以为食"，说成是"属于墨子学派"①，这是不正确的。上文说墨子反对"一人一义"，"百人百义"，故墨子是不会认同杂家的观点，而是应该会和法家一样，坚决要求统一思想的。《墨子·明鬼》篇列举杜伯射杀周宣王、郑穆公见地示句芒、庄子仪击杀燕简公、宋观辜举楫击毙宋文君鲍、齐王里国和中里徼共盟不以其情而被杀等等，以明鬼神之不诬。东汉王充在《论衡·订鬼》篇曾逐一予以驳斥，以为皆妖妄之气变化，绝无所谓鬼神。虽今人多以《墨子》所记为"小说家"言，但《墨子》

---

① 任继愈：《墨子与墨家》，北京出版社2016年版，第4页。

在列举以上诸例时，已经明言其属"《书》之说"、或著之于《诗》《书》《春秋》者，即皆是"著之竹帛""琢之盘盂"的官方典籍。如果用"别墨"对墨家典籍的分类来说，即是"经"与"经说"。墨子只引用经典以证明自己言论的可信性，说明他也是以为"小说家"言乃"街谈巷语，道听途说者之所造也"，是不能登大雅之堂的。故即使是"小说家言"中有可以证明其观点的材料，墨子也是不会采用的。这既可以看出墨子对"小说家"的态度，也可以当作墨家对"小说家"的一种批评。

三 "三墨"学说与楚国墨学

墨家是先秦诸子中的重要一家。无论是杨、墨相提，还是儒、墨并论，墨学都是当时的"显学"。《孟子·滕文公下》曰："杨、墨之言盈天下，天下之言，不归杨，则归墨。"《韩非子·显学》曰："世之显学，儒、墨也。儒之所至，孔丘也；墨之所至，墨翟也。"孟子和韩非两人虽然一个将杨、墨同举，一个将儒、墨并论，但在将墨家作为先秦的"显学"这一点上，则是一致的。所以，我们可以说，墨家是中国先秦最为重要的思想流派之一。

但是，就是这样一个在中国先秦时期被称为"显学"的学派，在后来中国的学术史上竟几近消亡，成为"绝学"。而釐清墨学在中国先秦时期发展演变的轨迹，对于研究中国先秦乃至整个中国思想史皆具有十分重要的价值。有鉴于此，本篇拟以考察墨学在楚国的传播为切入点，以此窥探先秦墨学的基本特点及其流变，为深入探讨中国先秦的诸子学，做出新的尝试。

（一）"三墨"的形成及其特点

墨学在先秦时期即已发展出许多不同的派别，《韩非子·显学》篇说："自墨子之死,有相里氏之墨,有相夫氏之墨,有邓陵氏之墨。故孔、墨之后,儒分为八,墨离为三。"这就是长期以来学者称先秦墨家有"三墨"一说的源头。只是韩非既没有说明此"三墨"的形成过程,也没有告诉我们"三墨"各自的特点和划分标准。所以,后世学者在"三墨"的理解上产生了诸多分歧。影响最大的有三说:一是以清代俞樾为代表,因《墨子》书中《尚贤》《尚同》《兼爱》《非攻》《节用》《节葬》《天志》《明鬼》《非乐》《非命》诸篇皆分上、中、下三篇,且三篇"字句小异,而大旨不殊",故认为"此乃相里、相夫、邓陵三家相传之本不同",传上、中、下三篇者即为"三墨"①;二是在署名为陶潜的《群辅录》一书之末,有"宋钘、尹文之墨""相里勤、五侯之墨"和"苦获、己齿、邓陵子之墨"之"三墨"说;三是近人唐迪风、蒙文通以"南方之墨""东方之墨"和"秦之墨"为"三墨"之说。此三说中,以俞樾等人之说最无根据,纯出臆测,故早为学术界所否弃。《群辅录》之末"三墨"条曰:

> 不累于俗,不饰于物,不尊于名,不忮于众,此宋钘、尹文之墨;裘褐为衣,跂蹻为服,日夜不休,以自苦为极者,相里勤、五侯之墨;俱称经而倍谲不同,相谓别墨,以坚白、同异之辩相訾……苦获、己齿、邓陵子之墨。

对于《群辅录》的说法,孙诒让认为:"此别据《庄子·天

---

① 《墨子间诂·俞序》,孙诒让《墨子间诂》(上),中华书局 2001 年版。

下篇》为三墨，与《韩非子》书殊异。（北齐阳休之所编《陶集》即有此条。宋本《陶集》宋庠《后记》云：'八儒三墨二条，后人妄加，非陶公本意。'）考《庄子》本以宋钘、尹文别为一家，不云亦为墨氏之学。以所举二人学术大略考之，其崇俭、非斗虽与墨氏相近，（《荀子·非十二子》篇以墨翟、宋钘并称）而师承迥异，乃强以充三墨数。而《韩非子》所云相夫氏之墨者，反置不取，不知果何据也？宋钘书《汉书·艺文志》在小说家，云'黄老意'。尹文书在名家，今具存，其《大道上》篇云：'大道治者，则名、法、儒、墨自废。'又云：'是道治者，谓之善人；藉名、法、儒、墨者，谓之不善人。'则二人亦不治墨氏之术？有明证矣。"①

关于"三墨"的另一种说法，是近代史学家蒙文通在其《论墨学源流与儒墨汇合》一文中提出来的。蒙氏在该文开篇的"《墨子》书备三墨之学"一节中说：

《韩非子·显学》言："自墨子之死也，有相里氏之墨，有相夫氏之墨（孙仲颂据《元和姓纂》作伯夫氏），有邓陵氏之墨。故墨离为三。"三墨之说，世莫能明。故友唐迪风氏，以为《耕柱篇》"县子硕问于子墨子曰：'为义孰为大务？'子墨子曰：'譬若筑墙然。能筑者筑，能实壤者实壤，能欣者欣，然后墙成也。为义犹是也。能谈辩者谈辩，能说书者说书，能从事者从事，然后义事成也。"谈辩、说书、从事：三者是三墨也。以墨书证墨派，唐氏之说，最为得

---

① 孙诒让：《墨子后语》，《墨子间诂》（下），中华书局2001年版，第718页。

之。以余之懵瞀，请申其旨。《庄子·天下篇》言："相里勤之弟子，五侯之徒，南方之墨者，苦获、己齿、邓陵子之属，俱诵《墨经》，而倍谲不同，相谓别墨。以坚白、同异之辩相訾，以奇偶不仵之辞相应。以巨子为圣人，皆愿为之尸，冀得为其后也。"此南方之墨以坚白为辩者也。《吕氏春秋·去宥》言："东方之墨者谢子，（《说苑·杂言》作'祁谢子'）将西见秦惠王，惠王问秦之墨者唐姑果（《淮南子·修务》作'唐姑梁'），唐姑果恐王之视谢子贤于己也，对曰：'谢子，东方之辩士也，其为人甚险，将奋于说以取少主也。'"（《淮南子》作"固权说以取少主"）王因藏怒以待之。谢子至，说王，王弗听，谢子不悦，遂辞而行。"唐姑果为秦之墨，反对权说，将重实者也。《庄》书所言，视《韩子》有相里、无伯夫，庄不应遗东墨不论，则相里勤为东墨而伯夫自应为秦墨也。盖伯夫为秦墨，为从事一派，不重理论，不在诵《墨经》而倍谲不同之列，故《庄》书遗之，而韩则备详流别，故著之。或秦墨之起稍后，非庄子所知，惟韩子较晚，乃言之耳。是相里为东墨，伯夫为秦墨，固可无待别为论据也。则三墨者，即南方之墨、东方之墨、秦之墨。秦之墨为从事一派，东方之墨为说书一派，南方之墨为谈辩一派，此墨离为三也。①

蒙氏之说，显然较前人的看法更为严密：一是他将墨学归派与《墨子》书中墨子本人对其学派的构成之说结合起来了似为这

　　① 蒙文通：《论墨学源流与儒墨汇合》，《古学甄微》，巴蜀书社 1987 年版，第 211—212 页。

一学派划分找到了内在依据;二是他从"墨离为三"的现象中,看到了先秦墨学发展中的地域和时代的差异。蒙氏这一观点较此前的看法无疑已更为深入和富有启发性,但客观地讲,蒙氏之说似乎也没有把他以时代和地域探求"三墨"形成的方法贯彻到底。谈辩、说书、从事三派的划分本出自墨子之口,应当反映了墨子时代该学派的构成,怎么会到了后墨子时代的数百年间仍是如此?并且,这种构成还是与南方、齐、秦三个地域恰好对应的,这就更有些让人难以相信了。

在我看来,如果说"三墨"的划分是先秦墨学史上的一个时代和地域问题的话,那么《墨子·耕柱》篇中原有的谈辩、说书、从事三派,只应代表了墨子时代(墨子在世时)墨子学派的构成,而所谓相里氏之墨、相夫氏(伯夫氏)之墨、邓陵之墨,或"宋钘、尹文之墨""相里勤、五侯之墨""苦获、己齿、邓陵之墨",乃至蒙文通所谓"南方之墨""东方之墨""秦之墨"等"三墨"划分,则应只是反映了人们对先秦不同时期应存在着不同墨学的看法。在墨子的时代,墨学可分为谈辩、说书、从事三派;在韩非时代,墨学可分为相里氏、相夫氏、邓陵氏三派;在《群辅录》作者的眼中,墨学应分为"宋钘、尹文之墨""相里勤、五侯之墨"和"苦获、己齿、邓陵之墨"三派;而在蒙文通氏的眼中,墨学则可分为"南方之墨""东方之墨"和"秦之墨"三派,而且这三派还正好是与《耕柱》篇的谈辩、说书、从事三派对应的。实际上,在不同的时期,墨子的学派不可能都正好就是三派,也不一定只能从某个唯一的角度来对墨学进行划分。《庄子·天下篇》谈墨翟、禽滑釐之后的墨学,就只提到了"相里勤之子、五侯之徒"和"南方之墨苦获、己齿、邓陵子之属"等两派,而不是《韩非子》所说的"三派";蒙文通的划分也存在着同时以学术和地域两个标准划分的问题。因此,很难简单地说谁的划分就完全正确或完全错误。

综合现有文献和学术界对于墨学三派划分的各种观点,我认为先秦的墨学应大致经历了墨子时期的墨学、《庄子》书或稷下时期的墨学、《韩非子》时期的墨学等几个发展阶段。在这几个阶段中,有的墨学正好可以分为三个派别,与"墨离为三"之说吻合;有的则并不吻合。而且,不同时期的墨学,在地理上是否正好可以划为"南方之墨""(东方)齐之墨"和"秦之墨",这也并不一定。

在墨子时代,墨学尚处于其形成期。因此,墨子所谓"能谈辩者谈辩,能说书者说书,能从事者从事",既可以看作是对当时墨学流派的一种划分,更应视为是墨学的创始人——墨翟对本学派发展的一种规划。墨子设计的墨学应当是由谈辩者、说书者和从事者三派组成,而且这三派还应如参加筑墙工程建设一样,既各尽所能,又互相协作,这样才能完成筑墙工作。至于说墨子所说的谈辩者、说书者、从事者是指哪些人,他们各有怎样的特点,墨子本人既没有说明,历代的注者也都是语焉不详,我们今天就不好揣测了。因此蒙文通以"南方之墨为谈辩一派",以"东方之墨为说书一派",以"秦之墨为从事一派",并认为谈辩一派的特点是"以坚白、同异之辩相訾,以觭偶不仵之辞相应",说书一派的特点是所谓"奋于权说",而从事一派的特点则是"反对权说,将重实者也",这一说法臆测的成分太多,且于史实难合。例如,蒙氏把"以坚白、同异之辩相訾,以觭偶不仵之辞相应"的南方之墨视为"谈辩一派",这显然是不合适的。因为我们知道，坚白、同异之辩是名家公孙龙、魏牟等人提出的命题，所以，所谓"南方之墨者以坚白、同异之辩相訾，以觭偶不仵之辞相应"，自应该在名家公孙龙、魏牟"坚白离、别异同"观念出现之后。——如果说墨学中存在属于名家的"谈辩"一派的话，那么这一派只能出现于后墨子时代，根本不可能跑到墨子时代去。又如"说书"一派，蒙氏引《吕氏春秋·去宥》中"东方之墨者谢子将西见秦惠王"为说，认为其中的谢子就是"说书一派"的代表，其特点是"奋于权说"。这也是有问题的。因为"奋于权说"应该与所谓"说书"是根本不同的。从字面上看，"权说"应是权谋诡辩，有纵横家的作风，甚至有些接近于"谈辩者"。故"秦之墨者"唐姑果对秦惠王言谢子也只是说："谢子，东方之辩士。"而所谓"说书者"的"书"，当指先王典籍，尤指"六艺"（六经）而言。《吕氏春秋·博志》曰："盖闻孔丘、墨翟昼日讽颂习业。"《淮南子·主术训》曰："孔、墨皆修先圣之术，通六艺之论。"同书《要略》曰："墨子学儒者之业，受孔子之术。"《吕氏春秋·贵义》亦曰："子墨子南游使卫，载书甚多。"而"其书引《诗》、《书》之辞亦特多"。[①]引书，亦必解说之，故有"说书一派"。《墨子·经下》常用"说在某"指示对《经下》某一概念、术语的解释在《经说下》的某处，故可知此"说书"并非口头的"奋于权说"，而实乃是对"六经"以及《墨经》等的解说。《墨子》书中的《经说》上、下，应即是"说书者"之所为。再如蒙氏把"从事者一派"与"秦之墨"划等号，这也是不能成立的。"秦之墨"固然有

---

① 吕思勉：《先秦学术概论》，云南人民出版社 2005 年版，第 129 页。

"重实"的特点，但他们的出现应该"稍后，非庄子所知"①，就更非墨子本人所能知，怎么能直接就说"从事一派"就是"秦之墨"呢？所以说，墨子时代的墨学可能有"谈辩""说书""从事"三派，但这三派和后来所谓"墨离为三"的"三墨"并不是一回事，更不能说它们是所谓"南方之墨""东方之墨"和"秦之墨"。

先秦墨学发展的第二阶段，是《庄子》书所论或稷下墨学的时期。这一时期也可能如《群辅录》所云，存在着"三墨"，但其最大的特点有二：一是墨家和名辩学说有合流的倾向；二是墨学已流入秦地，出现了所谓"秦墨"。《庄子·天下篇》叙墨学源流曰：

> 不侈于后世，不靡于万物，不晖于数度，以绳墨自矫而备世之急，古之道术有在于是者。墨翟、禽滑釐闻其风而悦之，为之大过，已之大循……相里勤之弟子，五侯之徒，南方之墨者苦获、已齿、邓陵子之属，俱诵《墨经》而倍谲不同，相谓别墨；以坚白、同异之辩相訾，以觭偶不仵之辞相应，以巨子为圣人，皆愿为之尸，冀得为其后世，至今不决。

《庄子·天下篇》的作者叙墨学的发展，不在求全，而重在明墨学的源流。从墨学源头来说，一般人自然会认为墨学即始于墨子，但由《天下篇》言，实应谓始于墨翟、禽滑釐二人。

---

① 蒙文通：《论墨学源流与儒墨汇合》，《古学甄微》，巴蜀书社1987年版，第212页。

禽滑釐,《汉书·古今人表》作"禽屈釐"(颜师古注:"即禽滑釐者是也。屈,音其勿反,又音丘勿反。"),与墨翟的其他弟子"我子""田俅子""随巢子""胡非子"一起,紧接"墨翟",排在"赵襄子""知过"之后,"魏文侯"之前。根据《史记·六国年表》,赵襄子即位于周定王十二年(公元前457年),卒于周威烈王元年(公元前425年);魏文侯即位于周威烈王二年(公元前424年),《史记·儒林传》谓其与田子方、段干木、吴起受业于子夏。钱穆《诸子生卒年世约数》以墨翟生卒年为公元前480—公元前390年,禽滑釐生卒年为公元前470—公元前400年,少墨翟十岁。但这种推测并不合理,因为禽滑釐既受学于子夏和墨翟,子夏生卒年为公元前507—公元前420年,墨子的生卒年怎么会晚于子夏,为公元前480—公元前390年,而禽滑釐又怎么会更晚到了公元前470—公元前400年了呢?墨子早年亦"学儒者之业,受孔子之术",故他至少得与七十子子夏之伦年辈相近。可能和墨子一样,禽滑釐也觉得从儒家子夏那里难以找到满意的人生答案,故弃儒而从墨。而"墨子学派"此时应尚未正式形成,更谈不上确立其在社会上的学术地位了。禽滑釐公开脱离儒学阵营而归于墨子门下,极大地提升了墨子的学术人气和知名度,这时墨学才成其为一个学派,故《庄子·天下篇》曰:"古之道术有在于是者,墨翟、禽滑釐闻其风而悦之",把禽滑釐也作为墨学的创始人,这是很有道理的。

墨翟、禽滑釐确立了墨子学派之后,有更多人皈依于墨子门下,成为墨子的弟子,以致形成了孟子所谓"杨朱、墨翟之言盈天下。天下之言,不归杨,则归墨"的局面。据《墨子》《吕氏春秋》及《史记》《汉书》等书记载,直接受业于墨子本人的弟子就有高石子、高何、县子硕（又作"县子石"）、治徒娱、公尚过、弦唐子、耕柱子、魏越、随巢子、胡非子、管黔遨、高孙子、跌鼻、曹公子、胜绰、鼓轻生子等人，还有受业于禽滑釐的许犯、索庐参等。① 但这些人差不多都只是"以裘褐为衣，以跂跻为服，日夜不休，以自苦为极"者，并没有什么理论建树，所以历来言墨学者都不把他们作为"墨学"的独立的一代。这样做，如果从纯粹的师承关系来讲，也许并不妥当；但如果从学术思想的发展来看，却是有一定道理的。因为这些人只是如参加了某一宗教团体的信徒一样，遵守教规，并按时到宗教场所去参加一些宗教活动，至于什么理论和学术思想，那就不是他们所要考虑的了。这样的一个群体自然构不成墨学史上的独立代系，也就很自然地要被谈论墨学思想史的人所忽略。

"秦墨"的出现，据美籍华裔学者何炳棣的多方考释，认为应始于"（秦）献公即位后的第四年，即墨者首任巨子孟胜及其弟子集体死楚阳城君之难的那一年"。② 但由于"秦墨"多实干的作风，他们除了留下了《墨子·备城门》等十一篇关于攻守之术的文字外，并无任何理论著述，很难探讨其哲学思想。

真正构成"墨学"第二代传人的，是战国中期稷下学派中的墨家学者，如宋钘、尹文等。《群辅录》以"宋钘、尹文之墨"与"相里勤、五侯子之墨"和"苦获、己齿、邓陵子之墨"并称"三墨"，当以此。

---

① 孙诒让：《墨子间诂·墨学传授考》，《墨子间诂》（下），中华书局2001年版，第706—722页。案：孙氏所列诸人中，有的人，如胡非子，并未受业于墨子本人，笔者于下文有考辨。

② 何炳棣：《国史上的大事因缘解谜》，《光明日报》2010年6月3日第10版。案：墨者孟胜弟子死阳城君之难，事在公元前381年。

对于宋钘、尹文，蒙文通在《杨朱学派考》中，把他们与慎到、田骈、接子、季真等稷下学派人物都视为"北方道家杨朱学派"，郭沫若则将他们与环渊、老聃、田骈、慎到分为三组，称为"稷下道家三派"，并认为《管子》中的《心术》等篇，"毫无疑问是宋钘、尹文一派的遗著"。① 因为在蒙文通那里，稷下学派的学者都被归入了杨朱为代表的"北方道家"，所以他认为杨朱学派和北方道家或"稷下道家"，有时是一而二、二而一的。郭沫若的观点虽然影响很大，但近年却遭到了学术界强烈的批评，批评者认为郭氏此说是"经不起推敲"的，"未免过于牵强"；因为"根据《庄子·天下篇》的材料，如果给宋（钘）、尹（文）划分学派，归在墨家倒是比归在道家合适得多"。②

我认为，在蒙、郭二氏之说中，主要是郭沫若以《管子·心术》等篇"为宋、尹遗著"缺乏根据，显得牵强，至于将宋、尹归入"稷下道家"还是墨家学派，其实是并不矛盾或冲突的。因为所谓"稷下道家"也就是人们常说的"黄老道家"或"稷下黄老道家"，其学术上最大的特点，就是司马谈在《论六家之要指》中所概括的："其为术也，因阴阳之大顺，采儒墨之善，撮名法之要，与时迁移……"因此，当时游学稷下的学者，虽然有很多被人明确归入了不同的学派，如孟子、荀子归为儒家，邹衍、邹奭归为阴阳家，慎到、田骈或归法家等等，但同时又被人合称为"稷下学派"中人，或笼统地称为"稷下道家"，而《荀

---

① 蒙文通：《杨朱学派考》（《古学甄微》）；郭沫若：《稷下黄老学派的批判》（《十批判书》）、《宋钘、尹文遗著考》（《青铜时代》）。案：蒙文通《杨朱学派考》以《管子》中《白业》《心术》诸篇为田骈、慎到所作。

② 参见白奚《稷下学研究——古代中国的思想自由与百家争鸣》第八章《宋、尹学派与稷下学》，生活·读书·新知三联书店1998年版。

子·儒效》竟将慎到与墨子并列而称"慎、墨"。因为当时的中国学术本有走向融合的趋势，所以才有稷下学者的这种特点。宋钘、尹文二人的学术，在稷下儒、道、阴阳诸家最为兴旺的局面下，更多显示出墨家特色，这是独树一帜的，因而才有人如《群辅录》和今天的部分学者那样，把他们视为"宋钘、尹文之墨"。这无疑是很有道理的。而如蒙文通、郭沫若那样，把他们视为"北方之墨"或"稷下道家"，则实际只是沿袭了以往对稷下学的笼统说法而已。

从学术思想方面来看，《庄子·天下篇》和《群辅录》将宋钘、尹文归于墨家而不归入道家，似更凸显了此二人在"稷下学"中的特点和地位。《庄子·天下篇》叙宋、尹之学曰："不累于俗，不饰于物，不苟于人，不忮于众，愿天下之安宁以活民命，人我之养毕足而止，以此白心，古之道术有在于是者。宋钘、尹文闻其风而悦之，作为华山之冠以自表，接万物以别宥为始；语心之容，命之曰心之行，以聏合驩，以调海内，请欲置之以为主。见侮不辱，救民之斗，禁攻寝兵，救世之战……其为人太多，其自为太少，曰：'请欲固置五升之饭足矣。''君子不为苛察，不以身假物。'以为无益于天下者，明之不如已也，以禁攻寝兵为外，以情欲寡浅为内，其小大精粗，其行适至是而止。"根据这段文字来看，宋钘、尹文的学术思想主要有这样几个方面的特点：

其一，宋钘、尹文学说宽于待人、严于律己，"见侮不辱"，"设不斗争"。《荀子·正论》曰："子宋子曰：明见侮不辱，使人不斗。"《韩非子·显学》曰："宋荣子之义，设不斗争，取不随仇，不羞囹圄，见侮不辱，世主以为宽而礼之。"《吕氏春秋·

正名》载尹文与齐王论士曰："（民）深见侮而不敢斗者，是全王之令也。"今本《尹文子·大道上》亦曰："见侮不辱，见推不矜，禁暴息兵，救世之斗，此仁君之德，可以为主矣。"这些都说明了宋钘、尹文学派学说有"非攻""无斗"的观点。与一般墨者的"非攻"之说相比较，宋钘、尹文的深刻之处是，它不仅一般地提倡"非攻""无斗"，而且还充分揭示了"非攻""无斗"之说的心理基础和根源，即只要你心中把一切世俗的所谓"羞辱"，不视为无可忍受的"羞辱"，那你也就不会再为之"斗争"——天下自然就会无"攻"无"斗"了。

其二，宋钘、尹文学说还有主张"接万物以别宥为始"和"僈差等"的特点。宋、尹认为，认识事物应以去掉主观的陈见和偏见为出发点，一切平等地对待。《尸子·广泽》曰："料子贵别宥"；《吕氏春秋·去宥》曰："夫人有所宥者，固以昼为昏，以白为黑，以尧为桀……故凡人必别宥然后知，别宥则能全其矣。"陈奇猷以为此"盖亦料子、宋钘、尹文等流派之说也"。① 可见，"别宥"确是宋钘、尹文学说的又一特点。

其三，宋钘、尹文学说对人性的认识，在当时"性善""性恶"的争论中，观点独树一帜——认为人之"情欲寡浅"。《荀子·天论》曰："宋子有见于少，无见于多。"杨倞注："宋子，名钘，宋人也，与孟子同时。下篇云：'宋子以人之情欲为寡，而皆以己之情为多，过也。'"如果说宋、尹"见侮不辱，使人不斗"，是就他们自己而言，是说他们能不与人"斗"、或使人不与己"斗"的话，那么"情欲寡浅"之说，则应该是就全社

① 陈奇猷：《吕氏春秋校释》（下），学林出版社 1995 年版，第 1014 页。

会的人或所有人而言的了。在宋钘、尹文看来，人们之所以要互相斗争，不是因为别的，只是因为人们都认为人的情欲"多"，难以满足，所以要"斗（争）"。但实际上这是不对的，人的本性不是"欲多"、而是"欲寡"；只要全社会的人都能认识到人之"情欲寡浅"这一点，则社会上的"斗争"之火自然就会熄灭。因此，《庄子·天下篇》才以为"情欲寡浅"和"禁攻寝兵"只是内、外之别，实质上是一回事。

宋钘、尹文学说的上述特点，显然与墨子的"爱无等差"的平等思想及"节用""非攻"的理论最为相近，这在稷下学宫中是十分特殊的，故不能不引起后世学者的注意，把他们归入到墨家学派中去了。但有人认为，"从现存材料来看，宋、尹二人的学术思想虽然存在着某些联系，但却很微弱，而二者的区别却是十分突出的，可以说是大相径庭"，因此不存在什么"宋、尹学派"。而且，"《天下》（篇）叙述评论的只是宋钘的思想，属于墨学的支裔流亚，其中见侮不辱、禁攻救斗的思想影响了尹文，但尹文关心的主要不是这些，他的学术思想已远远超出了这个范围，是一个突出名法的黄老学者"。①

论者的这一看法自然是持之有据、言之成理的，但也是有失偏颇的，至少是与稷下学的学术背景脱节的。因为将宋钘、尹文的学说合在一起，将他们二人都称为"墨家学者"，其实只是着眼于宋、尹二人及其学说与墨家思想的相同点而言的，着眼于宋、尹二人学术在整个稷下学宫中共同特点而言的，而并不是为对宋、尹学术做出全面的评述，更不是有意要抹杀宋、尹二人的

① 以上皆见白奚《稷下学研究——古代中国的思想自由与百家争鸣》，生活·读书·新知三联书店1998年版，第195页。

学术差异——无视宋钘主要"属于墨学的支裔流亚",而尹文的"学术思想已远远超出了这个范围,是一个突出名、法的黄老学者"这一事实。如果说宋钘重"情欲寡浅"和"禁攻寝兵",因而"属于墨学的支裔流亚"的话,那么尹文的学术思想也并非与宋钘"大相径庭"或与墨家毫无关系。《尹文子》中的"见侮不辱,见推不矜,禁暴息兵,救世之斗"诸说已见上引——既同于墨子的"非攻""无斗"之义;其"名以检形,形以定名,名以定事,事以检名"的观点,又何尝不与后期墨家名辩学说一致?故吕思勉既称《吕氏春秋·正名》载尹文说齐王事可信;又以为"尹文之说,极致谨于名实之间,而亦及见侮不斗","知庄子以宋钘、尹文并列为不诬矣"。① 钱穆亦以宋钘为墨徒,并说:"尹文实承墨氏之绪,其《名书》开公孙龙之辩,无为容下,标道家之的。《韩非子·内储说上》载尹文与齐王论治国以赏罚为利器,则通于法家之囿也。兼名墨,启道法,此稷下学风。"② 这些都告诉我们,尹文学术思想具有的名家特色,实际正是他被归于墨家的重要原因之一;同时也提醒我们,对于稷下学者是不能以先秦早期纯粹的儒、墨、道、法、名等诸子学派来看待的。此时的孟子、荀子都是一代名儒,但也被一些人称为"稷下学者",孟子的"心气论"也确曾受到过"管子学派"的影响③;荀子则有道家的"虚壹而静"和法家的"隆礼重法"的思想,很难说他们都是"醇儒"。田骈、慎到,《史记·孟荀列传》称他们"学黄老道德之术",但《汉书·艺文志》却将"《田子》二十五篇"

---

① 吕思勉:《先秦学术概论》,云南人民出版社2005年版,第110页。
② 钱穆:《先秦诸子系年》,商务印书馆2002年版,第435、440页。
③ 案:郭沫若、侯外庐等人均有孟子袭取稷下道、气论之说。

入道家，而将"《慎子》四十二篇"入法家。名家公孙龙亦曾说赵惠王偃兵（《吕氏春秋·审应》）、说燕昭王偃兵（同上，《应言》），且曰："偃兵之意，兼爱天下之心也。"而吕思勉又云，名家之学"纵不必即出于墨，而名家之学，关系极密，则无可疑矣"。要言之，在稷下学宫中，诸子学术的基本特点是诸子走向融合，概而称之，可曰"稷下学派"或"稷下黄老道家"；析而名之，儒学特色著者名之曰"儒"，墨学之特色著者名之曰"墨"，道家、法家、阴阳家特色著者，名之曰"道"、曰"法"、曰"阴阳"……实则彼此多有吸收交融。宋钘、尹文之学，既有道家、名家的特色，又有墨家和法家的成分，而在《庄子·天下篇》和《群辅录》二书的作者看来，他们的墨学特色尤为显著，故将二人与墨者并列，视为先秦所谓"三墨"之一，如此而已。上文孙诒让曾以《尹文子·大道上》中有"大道治者，则名、法、儒、墨自废"等语而否定尹文为墨家，却不知此篇同时也否定了名、法、儒诸家，但人们却常常以尹文属之名家，这不也是自相矛盾的吗？他到底是不是"名、法"家呢？

（二）墨学在楚国的传播及楚地的墨家学者

"三墨"的第三个发展阶段或第三个派别，应该是《庄子·天下篇》和《群辅录》中的"相里勤之弟子、五侯之徒"和"南方之墨者苦获、己齿、邓陵子之属"。苦获、己齿、邓陵子既名"南方之墨者"，当为楚国墨者。相里勤，成玄英《疏》称之为"南方之墨师也"，则相里勤与五侯之徒或亦得为楚人。所以，如果从地域来看，墨学的第一代学者当为墨翟、禽滑釐，乃东方宋或鲁人；墨学的第二代学者则为齐之稷下墨者；第三代墨者则为远离墨子故里的"楚墨"和"秦墨"。

当然，从文献来看，尽管我们把楚国或"南方之墨者"的形成作为墨学发展史上的第三代或第三阶段，但这并不是说此时楚国才出现墨者，也不是说楚国墨学自身的发展就只有这一阶段或这一代墨者。

事实上，在先秦墨学的几百年历史上，楚国墨学的发展也是源远流长的。

墨家的创始人墨翟虽为鲁人或宋人，亦尝周游列国，其一生活动的范围，东为齐、鲁，南到宋、楚，北抵郑、卫。《神仙传》说他年八十二入周狄山学道，但未言此山何在；又说墨子汉武帝时尚在，仍"周游五岳"。此显为虚妄之言。因为战国时周王朝统治范围已止于洛邑附近，则周狄山当在东周范围之内——墨翟应终身不过函谷关。墨子虽不是楚人，但他的一生到过楚国多次。《墨子·公输》记墨子为止公输班为楚造云梯攻宋，"起于鲁，行十日十夜至于郢"，这是最著名的一次。《墨子·贵义》载："墨子南游于楚，见楚献惠王，献惠王以老辞，使穆贺见子墨子。"毕沅注曰："《文选》引本书云：'墨子献书惠王，王受而读之，曰良书也'，恐是此间脱文。"孙诒让以为墨子止楚攻宋，"鲍彪《战国策注》谓当宋景公时，至为疏谬。惟（余知古）《渚宫旧事》载于惠王时、墨子献书之前，最为近之"。我以为这实际是把墨子两次见楚惠王当作同一件事，是并不妥当的。墨子见楚惠王，至少有两次是可以肯定的：一次应在楚惠王十一年，他来楚国并不是宣传自己的学说，是通过公输班的引见而见到楚惠王的；另一次在楚惠王末年，是他自我引见。鲍彪注

《战国策·宋卫策》系止楚攻宋事于宋景公下,孙氏以为"疏谬";但这与孙氏所谓此事"惟《渚宫旧事》载于惠王时,墨子献书之前",其实是并不冲突的。考《史记·宋微子世家》及《楚世家》,楚惠王之世皆无攻宋之事,但宋景公三十七年(楚惠王十一年,公元前478年),楚惠王灭陈之后,似有一次曾引起宋国恐慌的未遂攻宋行动。《史记·宋微子世家》载:

> (宋景公)三十七年,楚惠王灭陈。荧惑守心。心,宋之分野也。景公忧之。司星子韦曰:"可移于相。"景公曰:"相,吾之股肱。"曰:"可移于民"。景公曰:"君者待民。"曰:"可移于岁。"景公曰:"岁饥民困,吾谁为君!"子韦曰:"天高听卑。君有君人之言三,荧惑宜有动。"于是候之,果徙三度。①

荧惑,火星之别名。《史记·天官书》曰:"察罚气以处荧惑。曰南方火,主夏,日丙丁。礼失,罚出荧惑,荧惑失行是也。出则有兵,入则兵散。以其舍命国。荧惑为勃乱,残贼、疾、丧、饥、兵。"《正义》曰:"若荧惑守房、心,及房、心自生芒角,则王者恶之也。"又引《天官占》曰:"荧惑为执法之星,其行无常,以其舍命国:为残贼,为疾,为丧,为兵。"此处宋景公所忧"荧惑守心",紧接"楚惠灭陈"之"兵事"后,则景公所忧亦当为"兵"也。据此则可知在楚惠王十一年灭陈之后,楚国应曾酝酿过一次"攻宋"的军事行动,但这次军事行动

---

① 案:关于宋景公问司星子韦之事,有关的记载还见于《吕氏春秋·制乐》《淮南子·道应训》《新序·杂事》等。

最终并没有付诸实施。其所以如此，应该说就是得力于墨翟的劝阻。但可能宋国的史官并不知晓此事的原委，（也可能是墨子所谓"臣之弟子禽滑釐等三百人，已持臣守圉之器在宋城上，而待楚寇矣"。其实只是墨子的缓兵之计，而并非实情——以墨翟得知楚将攻宋、急匆匆自鲁至郢而论，墨翟所言或亦兵权谋也。）故史官便将此事完全归功于宋景公的德言感动了上苍，而没了墨子的止战之功。而《公输》篇末亦曰："子墨子归，过宋，天雨庇其闾中，守闾者不内也。"可见宋人皆不知情。

墨子第二次见楚惠王是在楚惠王的晚年。墨子向楚惠王献书，其实并未见到楚王本人。唐余知古《渚宫旧事》卷二云，此事在"楚惠王五十年"，孙诒让曰："楚惠王在位五十七年，墨子献书在五十年，年齿已高，故辞以老。余知古之说盖可信也。"① 与前一次匆匆至郢止楚攻宋不同，墨子此次至楚是为了向楚惠王宣传自己的主张，故而事前做了比较充分的准备。《吕氏春秋·贵因》曰："墨子见荆王，锦衣吹笙，因也。"② 指的应是此次见楚惠王。殆因上次见面，墨子知道楚王好锦绣歌乐，不喜"贱人"之粗衣恶食，然尚能接受自己的建议，停止攻宋，似有接受墨家学说之可能（其实，楚惠王停止攻宋，更有可能是受了楚庄王"止戈为武"观点的影响，这一点墨子可能既不知道，也不愿承认），故他把自己的著作编辑成书而呈献（要知道，先

---

① 孙诒让：《墨子间诂》（下），中华书局 2001 年版，第 686 页。
② 案：墨子"锦衣吹笙"以见楚王，与其"节用"主张不符，故历来学者以"因也"释之。陈奇猷《吕氏春秋校释》曰："《墨子·公输》述公输盘为云梯欲以攻宋，墨子说楚王以救宋，孙诒让《间诂》考定所见者为楚惠王，云'"《吕氏春秋》墨子见荆王，锦衣吹笙"，疑即此事，盖以救宋之急权为之也。甚是。'"笔者以为孙、陈之说有误。因墨子为救宋见楚王乃因公输班引见，《公输》篇已有明文，墨子不需如此。

秦时诸子无自编著作成书之例）。既而又投楚王之所好，"锦衣吹
笙"以求见；而且，在献书之后，他还一直在楚国等待惠王的接
见。楚惠王虽然读了墨子的著作，并称之为"良书"，但他并没
有接见墨子，更没有实践墨子学说的念头，而只是派了一位名叫
穆贺的大臣去见墨子——这实际是回绝了墨子。但墨子仍未死
心，他不仅以自己的学说说服了穆贺，而且还以草药、粢盛为
喻，说明自己的学说对于治国的重大意义。即使如此，楚惠王也
没有真正明白墨子的用意，更不用说采用墨子的主张了。据《渚
宫旧事》卷二记载，楚惠王在听到臣下的进谏后，乃使鲁阳文君
追墨子，"以书社五里封之"。墨子追求的是实行其"道"，本不
为荣华富贵，故"不受而去"。

　　墨子除了自己两次到过楚国之外，还曾把他的弟子安排到楚
国去。墨子的大弟子禽滑釐是否到过楚国，因文献乏载，不得而
知。可知者，仅《墨子·公输》篇墨子使禽滑釐等三百人，"持
守圉之器，在宋城以待楚寇矣"。《墨子》一书曾明确记载由墨
子派到楚国的弟子是耕柱子。《墨子·耕柱》篇曰：

　　　　子墨子游耕柱子于楚①，二三子过之，金食之三升，客之
　　不厚。二三子复于子墨子曰："耕柱子处楚无益矣。二三子过
　　之，食之三升，客之不厚。"子墨子曰："未可智（知）也。"
　　毋几何，而遗十金于子墨子，曰："后生不敢死，有十金于
　　此，愿夫子之用也。"子墨子曰："果未可智（知）也。"

────────────

　　① 案：原文为"子墨子游荆耕柱子于楚"，王念孙曰："'耕柱子'上不当有'荆'
字……'荆'盖'耕'字之误而衍。"今据以改正。

毕沅注："游，谓游扬其名而使之仕。"可见，墨子不是让耕柱子一般地到楚国漫游，而是让耕柱子在楚国扬名做官。从耕柱子招待过往墨者、并献十金于墨子来看，耕柱子在楚国必为"禄仕"矣。而由耕柱子游楚而"二三子过之"来看，则当时游楚的墨家弟子必不在少数，只是他们都没有留下姓名而已。

从总体上来看，墨子安排"游楚"的墨者在学术上的影响并不算大，因此也就不能算是墨学在楚国传播的真正成功。真正代表墨子时期墨学在楚国成功传播的，应该是墨子以其学说征服了一位楚国的贵族——鲁阳文君。

鲁阳文君，又称鲁阳文子，《墨子·耕柱》篇"墨子谓鲁阳文君"孙诒让《间诂》曰："毕云：'《文选注》云贾逵《国语注》曰："鲁阳文子，楚平王之孙，司马子期之子，鲁阳公。"即此人也。'其地在鲁山之阳。《地理志》云：'南阳鲁阳有鲁山'，师古曰：'即《淮南》所谓鲁阳公与韩战，日反三舍者也。'苏云：'鲁阳文君，即鲁阳文子也。《国语·楚语》曰："惠王以梁与鲁阳文子，文子辞，与之鲁阳。"是文子当楚惠王时，与墨子世相值。'"孙诒让还进一步推断说，此鲁阳文君即《左传》哀公十六年公叶子高定"白公之乱"后任司马之职、哀公十九年追侵楚之越师的公孙宽。①《国语·楚语下》及《墨子》之《耕柱》《鲁问》二篇皆言及鲁阳文君之事，《国语·楚语下》曰：

惠王以梁与鲁阳文子，（韦昭注："惠王，昭王之子，越

① 钱穆：《先秦诸子系年》有《墨子游鲁阳考》，以墨子见鲁阳文子时为八十岁，且终于鲁阳。钱穆：《先秦诸子系年》，商务印书馆2002年版，第207—208页。

女之子章。梁,楚北境地也。文子,平王之孙,司马子期子,鲁阳公也。")文子辞曰:"梁险而在北境,惧子孙之有贰者也。"夫事君无憾,憾则惧偪,偪则惧贰。夫盈而不偪,憾而不贰者,臣能自寿也,不知其他。纵臣而得全首领以没,惧子孙之以梁之险而乏臣之祀也。王曰:"子仁人,不忘子孙,施及楚国,敢不从子?"与之鲁阳。

《国语·楚语下》的这段记载,不仅告诉了我们鲁阳文君称号的由来,实亦有助于我们了解鲁阳文君之为人——这也是他何以能较早地接受了墨家的学说,成为墨子的信徒的原因——他有墨家所倡导的"仁"的品性,他之所以不接受位于楚之北境的"梁",而选择了属于"内地"的鲁阳作为封地,可以看出他不同于一般人的"仁爱"(《墨子·经说下》:"仁,仁爱也。"),他的"仁爱"不仅是爱自己——"得全首领以没",而且还"不忘记子孙,施及楚国"——子孙既不会因"盈而偪","憾而有贰",楚王王位也不会受到威胁——这与墨家的"兼爱"思想是相通的。

《墨子》中的《耕柱》和《鲁问》两篇中共有六则子墨子和鲁阳文君的对话,其中有五则是墨子向鲁阳文君宣传其"非攻"思想的,最后一则是子墨子与鲁阳文君讨论何谓"忠臣"的问题的。墨子提出了他的"尚同"的"忠臣"观:"若以翟之所谓忠臣者,上有过则微之以谏,己有善则访之上,而无敢以告。匡其邪而入其善,尚同而无下比,美善在上而怨雠在下,安乐在上而忧戚在臣。此翟之所谓忠臣者也。"(《尚贤中》的"贤人"观与之同)而根据《鲁问》篇中的"鲁阳文君将以攻郑,子墨子闻而止之"诸语,可知他之所以对鲁阳文君宣传其"非攻"主张,很可能是针对鲁阳文君的那次军事行动而发的;而且,与上次止楚攻宋不同,墨子本人这次劝说不是临事远道匆匆而至,而是与鲁阳文君如师友般地交谈。这说明他应该是早已久住鲁阳文君宫中,而鲁阳文君亦应已膺服于墨子之学说矣。

另外,《贵义》篇中那位被楚惠王派去见墨子的穆贺,大概也差不多接受了墨子的学说,因为《贵义》篇说穆贺见到墨子后,"子墨子说穆贺,穆贺大悦",心悦诚服地表示"子之言则成(诚)善矣",完全接受了墨子的主张,只是差一个拜师的仪式了。

以上是文献有确切记载的受墨子派遣到楚国的墨学弟子和因亲受墨子的教导而归服墨学的楚地士人,而文献虽没有明文记载为墨子委派"游楚"或皈依墨学的墨者,则还有为阳城君死难的孟胜、徐弱等一百八十三人。据《吕氏春秋·上德》篇的记载,此事发生于楚悼王卒,吴起变法失败被杀、楚肃王即位之时,即楚悼王二十一年(公元前381年)之次年,亦即楚肃王元年(公元前380年)。《吕氏春秋·上德》曰:

> 墨者钜子孟胜,善荆之阳城君,阳城君令守于国,毁璜以为符,约曰:"符合听之。"荆王薨,群臣攻吴起,兵于丧所,阳城君与焉,荆罪之。阳城君走,荆收其国。孟胜曰:"受人之国,与之有符。今不见符,而力不能禁,不能死,不可。"其弟子徐弱谏孟胜曰:"死而有益阳城君,死之可矣。无益矣,而绝墨者于世,不可。"孟胜曰:"不然。吾于阳城君也,非师则友也,非友则臣也。不死,自今以来,求

严师必不于墨者矣，求贤友必不于墨者矣，求良臣必不于墨者矣。死之所以行墨者之义而继其业者也。我将属钜子于宋之田襄子。田襄子贤者也，何患墨者之绝世也？"徐弱曰："若夫子之言，弱请先死以除路。"还没头前于孟胜。因使二人传钜子于田襄子。孟胜死，弟子之死者百八十。三人以致令于田襄子，欲仅死孟胜于荆，田襄子止之曰："孟胜已传钜子于我矣，当听。"遂反死之。

阳城君，与鲁阳文君一样，都是楚国的封君。宋玉《登徒子好色赋》"惑阳城，迷下蔡"，《文选》卷十九李善注曰："阳城、下蔡，二县名，盖楚之贵介公子所封，故取以喻焉。"据此，阳城君当与鲁阳文君相类似。钜子，《庄子·天下篇》作"巨子"，曰："以巨子为圣人，皆愿为之尸，冀得为其后世。"向秀曰："墨家号其道理成者为钜子，若儒家之硕儒。"郭象注："巨子最能辨其所是以成其行。"孙诒让认为墨家的第一个钜（巨）子为禽滑釐，胡适认为可能在墨子死后约三四十年方有钜子，梁启超认为钜子应产生于墨子死后一、二年，钱穆则认为钜子应为墨子生前所定，不一定非得等到墨子死后；他又将墨子的生卒年定为公元前408—前390年、将禽滑釐的生卒年定为公元前470—公元前400年。如果依此推断，则禽滑釐生不得为钜子，孟胜为阳城君死难时（公元前481年）已为钜子，则他"殆为（墨子）嫡传钜子"，而与耕柱子为同辈矣。

孟胜的籍贯无考，《汉志》也没有著录他的著作，仅就《吕氏春秋·上德》所载来看，他特别重"义"，忠实地继承了墨子"贵义"的思想。《墨子·贵义》云："子墨子曰：'万事莫贵于义。'"又曰:"从事于义,必为圣人",孟胜为"行墨者之义"而舍生赴死者,可见其是把"行义"视为比生命更为重要的,故得为墨家"钜子"。徐弱等一百八十三人皆是孟胜的弟子,于墨子至少得为再传弟子——在楚国这是墨家的第二代传人。

在楚国的第一、二代墨者之中,有没有本土籍的墨者,文献乏载,不可确考。然依理推之,则应有其人。墨子之于鲁阳文君、孟胜之于阳城君,皆"非师则友也,非友则臣也",可谓亦师亦友亦君臣,而鲁阳文君、阳城君二人,则当为楚人之墨家弟子也。

《汉书·艺文志》"墨家"有"《胡非子》三篇",班固原注:"墨翟弟子。"梁玉绳曰:"胡非,复姓。《广韵》云:'胡公之后,有公子非,因以为氏。'则胡非子齐人也。"《隋书·经籍志》亦有《胡非子》一卷,原注:"非,似墨翟弟子。"这个被认为是"墨翟弟子"的胡非子,虽然先秦载籍中无言及其人者,但后世却有其书传世。马国翰《玉函山房辑佚书》从《太平御览》中辑得《胡非子》佚文曰:

> 屈将子好勇,见胡非而问曰:"闻先生非斗。有说则可,无说则死。"胡非子曰:"吾闻勇有五等。夫负长剑,赴秦薄,折兕虎,搏熊罴,猎徒之勇。负长剑,赴深泉,折蛟龙,搏鼋鼍,渔人之勇也。登高危之上,鹤立而望,颜色不变,陶匠之勇也。若近视必杀,立刑之勇也。昔齐桓公伐鲁,鲁曹刿闻之,触齐军见桓公曰:'臣闻君辱臣死。君退师则可;不退,则臣以血溅军矣!'桓公惧。管仲曰:'许之盟而退。'夫曹刿,匹夫。一怒而却齐侯之师,此君子之勇。

晏婴匹夫，一怒而沮崔子之乱，亦君子之勇也。五勇不同，公子将何处？"屈将子悦，称"善"，乃解长剑，释危冠而请为弟子焉。

胡非子其人，班固本来肯定地说他是"墨翟弟子"，《隋志》则将这一说法改为"似墨翟弟子"；梁玉绳本以之为"齐人"，"复姓胡非"，但后代却有人认为，由今存《胡非子》的佚文来看，胡非子姓胡，当生活于"战国初期"。其"论勇文字的结构、语言形式与莫敖子华《对楚威王》、庄辛《说剑》、宋玉《对楚王问》颇为相近"，"应为楚人"。① 看来，他到底是哪国人，是否是墨翟的弟子，这的确还需要进一步讨论。

胡非子"非斗"，历代史志都将《胡非子》一书归入墨家，说明他确实是一位墨家学者。但我们在上文已经指出，先秦墨家有"三墨"之分，而且这种划分还不应该是一成不变的，而应该是一个动态和发展的过程——墨子时代、庄子时代和韩非子时代，三个时代的墨学各有不同。而如果以此种观点来看所谓胡非子为"墨翟弟子"、或胡非子为亲受教于墨翟的"楚人"诸说，就会发现这些说法是大可商榷的。因为我们知道，墨子本人是强烈反对侵略战争、主张"非攻"的，《墨子》中的《非攻》上、中、下三篇及《公输》《鲁问》《耕柱》诸篇，都有明确的"非攻"思想。《墨子·非攻上》在论有人"入人园圃""攘人犬豕""取人牛马""取戈剑人"诸事之后，曰："当此，天下之君子皆知而非之，谓之不义……今至大为攻，则弗知非，此知辩与不辩

---

① 赵逵夫：《屈原与他的时代》，人民文学出版社 2002 年版，第 59 页。

乎？"《非攻中》又说："饰攻战者"给整个国家和人民的生产和生活造成了巨大的损失；《非攻下》则认为："于为坚兵利甲，以攻伐无罪之国"，将"灭鬼神之主，废灭先王，贼虐万民，百姓离散"，"上不中天之利"，"中不中鬼之利"，"下不中民之利"，可谓有百害无一利。这也就是说，在墨子本人或墨家最原初的"非攻"思想中，其所反对的并非一般的"攻"或"斗"，而是特指诸侯国之间的侵略和兼并战争。

但墨子的这一"非攻"思想，到了先秦墨学发展的第二和第三阶段却发生了一些变化，这就是它已由当初侧重于反对诸侯之间的兼并战争，变成了不只是反对诸侯间的兼并和侵略战争；而同时也反对民间的行侠"私斗"。而且到了战国中后期，这种思想还有不反对大国对小国、强国对弱国的兼并战争，而只反对民间"私斗"的倾向。这一点，只要我们再来回顾一下上文讨论的关于"宋钘、尹文之墨"的有关论据就可知道了。我们之所以说宋钘、尹文属墨家，乃依据《庄子·天下篇》中对宋、尹学术的述评，但正是这一依据，其中关于宋、尹主张非攻的文字是耐人寻味的。其言曰：

> 见侮不辱，救民之斗；禁攻寝兵，救世之战。以此周行天下，上说下教，虽天下不取，强聒而不舍者也。故曰上下见厌而强见也。

以往的论者基本上都简单地把它等同于墨者的"非攻"思想，但仔细分析，二者其实是有些不同的。我们上文讲过，墨子的"非攻"主要反对诸侯间的兼并或侵略战争。而宋钘、尹文则不同，他们不仅反对兼并战争——这就是"禁攻寝兵，救世之战"；而且还要止息个人之间的"私斗"——"见侮不辱，救民之斗"，即指此而言。上文引《吕氏春秋·正名》载尹文与齐王"论士"，亦以"深见侮而不斗"为"士"，可见其所倡为"非斗"而不是"非攻"。《荀子·正论》曰："人皆以侮为辱，故斗也；知见侮之不为辱，则不斗矣。"很显然，这里说的也是个人之间逞一时之气的"私斗"，而不是指国家间的攻伐。而正因为宋钘、尹文的"非斗"思想已与墨子之"非攻"不尽相同，故墨子所游说的对象，不是诸侯国的君主，则是王公贵戚；而宋钘、尹文之"周行天下，上说下教"，"上下见厌而强见也"。即不仅要游说君主、王公贵戚，对一般人也要施以"说教"，"强聒而不舍"——也要他们"见侮不辱，设不斗争"。而且，就是在这一点上，同属墨家的宋钘、尹文二人也是有所不同的。宋钘既反对"私斗"，也反对诸侯间的兼并战争；而尹文则更多地强调名实互核，形名互检，以维护国家的稳定和君主的统治，而几乎并不反对兼并战争。今人或以为尹文不属墨家，而应归之名法，并举《尹文子》所谓："农桑以时，仓廪充实，兵甲劲利，封疆修理，强国也。""君子非乐于有言，有益于治，不得不言；君子非欲有为，有益于事，不得不为。故所言者，不出于兵法权术；所为者，不出于农稼军阵。"以之为说，其原因正在于此。故《管子·立政九败》曰："寝兵之说胜，则险阻不守；兼爱之说胜，则士卒不战。"把"非攻""兼爱"看作强国政治的障碍。而荀子、韩非子师徒之论宋钘，前者但称其"上功用，大俭约而僈差等"，"明见侮不辱，使人不斗"，等等；后者亦仅曰："宋荣子之议，设不斗争，取不随仇，不羞囹圄，见侮不辱"；云云。

因为荀况、韩非时的儒、法都是仅仅反对"私斗",(《韩非子·五蠹》:"儒以文乱法,侠以武犯禁。"《显学》:"夫斩首之劳不赏,而家斗之勇尊显,索民之疾战距敌而无私斗,不可得也。"尤为显例。)而不再反对诸侯间的兼并战争。以往的学者或把宋钘、尹文视为师生关系,将其思想等而同之,称为"宋、尹学派";或对宋、尹二人细加区别,视为"差别巨大"。之所以有如此相反的看法,这其实乃是因为对墨家思想的演变缺乏深刻了解的结果。

明白了这一层关系,我们再看有关胡非子的生活年代和籍贯问题。胡非子"非斗",但他对所谓"猎徒之勇""渔人之勇""陶者之勇""立刑之勇""君子之勇"皆不反对,而尤赞赏"君子之勇",可见他实际仅非"私斗",而不非"公斗"——即为君主、为国家而战斗。而这种"非斗"的思想观念,显然与宋钘的既反对"私斗"、又反对诸侯间"兵战"的观点有间,而更接近于《尹文子》的观点。宋钘、尹文皆是齐之稷下学者,《孟子·告子下》载:"宋牼(即宋钘——引者注)将之楚,孟子遇于石丘,曰:'先生将何之?'曰:'吾闻秦楚构兵,吾将见楚王说而罢之。楚王不悦,我将见秦王说而罢之。二王我将有所遇焉'。"据此,宋钘至少当与孟子年岁相当,且其学说是明确反对诸侯兼并战争的。钱穆以墨子生卒年在公元前480—公元前390年,上文我们已经指出其可能嫌晚,而钱氏进而又定宋钘生卒年为公元前360—公元前290年,尹文为公元前350—公元前285年。依此,则宋钘、尹文皆不得见墨子,只能算"墨学"史上的再传或第三、四代的墨者。从胡非子的观点来看,他接近于尹文而稍异于宋钘。故其年岁难以与墨子相接,不得直接师承墨翟而为"墨翟弟子"。至于他的籍贯则与大多数稷下学者一样,为"齐人"的可能性大,说他"应为楚人",则只能是出于臆测。

胡非子所传承的既然是一种大致与尹文相近的墨学思想,那么拜其为师的楚人屈将子,其年辈自不会比胡非子更早,如果参照《庄子·天下篇》和《群辅录》对墨学谱系的记载来看,则他们在"三墨"中的位置,似乎比相里勤、五侯之子及苦获、己齿、邓陵子之属都要晚。而且,综合《庄子·天下篇》和《韩非子·显学》篇来看,当时与楚国第二代墨者耕柱子、孟胜(及其弟子徐弱等)相接的,是"相里勤之弟子五侯之徒"和"南方之墨者苦获、己齿、邓陵子之属",而不是胡非子及拜其为师的屈将子等人。胡非子很可能只是如《吕氏春秋·首时》篇中的田鸠、《顺说》篇中的田赞,是曾在楚国游学的墨者,而屈将子则是个别散在于楚国民间的墨者,不能算是楚国墨学的代表。真正算得是楚国第三代墨学代表的,则只能是"相里勤之弟子五侯之徒"和"南方之墨者苦获、己齿、邓陵子之属"。

相里勤,姓相里,名勤。相里勤之籍贯无考,成玄英《庄子疏》以相里勤为"南方之墨师也"。这说明相里勤即使不是楚国人,他也一定长时间居住在楚国,他的弟子"五侯之徒"必定都是楚国人,而他亦得和其弟子"五侯之徒",因与"南方之墨者苦获、己齿、邓陵子之属"论争,而并列为楚国第三代墨学的重要代表人物。《韩非子·显学》中的"三墨"有"相里氏之墨"和"邓陵氏之墨",学术界一般认为"相里氏"即是相里勤。"相里氏之墨"既是与"邓陵氏之墨"相讼不决的"别墨",这就说明庄子、韩非子对所谓"三墨"的划分,只是对他们各自所处时代的墨学的划分;也说明相里勤及其弟子"五侯之徒"和

"苦获、已齿、邓陵子之属",都是战国中后期墨家的代表人物。而在此时,楚国乃是中国墨学的一个中心。此后,中国的墨学由于楚国的覆灭和秦国的统一天下,最终走向衰歇了。

(三)楚地墨学的基本特点及其历史地位

墨子学说的基本特点和理想,如《庄子·天下》篇所云,是"不侈于后世,不靡于万物,不晖于度数,以绳墨自处而备万世之急"。其基本的思想主张,则如《汉书·艺文志》所云:"茅屋采椽,是以贵俭;养三老五更,是以兼爱;选士大射,是以上贤;宗祀严父,是以右鬼;顺四时而行,是以非命;以孝视天下,是以上同。"但正如上文我们所指出的,墨学的发展是经历了不同的发展阶段的;而在不同发展阶段,墨者的思想主张是各有侧重的。在墨子本人那里,可能是同时强调"兼爱""贵俭""上贤""右鬼""非命""上同",并且是知、行合一的,即《庄子·天下篇》所谓墨子"独能任","虽枯槁不舍也"。但在墨子后学那里,则因其所处时代不同而表现各异。如《墨子·备梯》云:"禽子事墨子三年,手足胼胝,面目黧黑",大概他是《庄子·天下篇》"以裘褐为衣,跂蹻为服,日夜不休,以自苦为极"的那种墨者。《尸子·广泽》《吕氏春秋·不二》都用"墨子贵兼"来说明墨学的思想特点。则说明他们所知道的墨者,都是侧重于"兼爱"思想主张的墨者。故《墨子·鲁问》谓:"凡入国,必择务而从事焉。国家昏乱,则语之尚贤、尚同;国家贫,则语之节用、节葬;国家憙音湛湎,则语之非乐、非命;国家淫僻无礼,则语之尊天事鬼;国家务夺侵陵,则语之兼爱、非攻。"宋钘、尹文、胡非子等人,历代的墨学研究者多将其列入"墨家"。但《汉志》却将宋钘、尹文、胡非子的著作分列于"小说家""名家"和"墨家",这就说明三人的思想主张即使可以一同归于"墨家",其侧重点也是存在明显不同的。

所以,墨学在楚国的发展,在不同历史阶段亦思想特点各异。在墨子本人将墨学输入楚国之际,他重点宣传的是其"非攻"思想,以求"备世之急"。但到了楚国墨学的第二代传人那里,则主要是崇尚"墨家之义",直至舍生取"义"。至于在楚国传播的齐墨家既"禁攻寝兵,救世之战",又有"见侮不辱,救民之斗"的非私斗的思想,且只有屈将子等个别信徒,并未成为楚国墨学的主流。而且,上述墨学应主要属于东方墨学在楚国的传播,而并不能算是楚国墨学自己的创造性成果。真正能构成楚国墨学创造性理论成果的,是楚地墨者"相里勤之弟子五侯之徒"与"苦获、己齿、邓陵子之属",在综合了墨家原有的"谈辩"思想及楚地道家的道论、公孙龙子的名辩学说之后,所形成的"别墨"学说——而这也就是战国时期楚国墨学的基本特点。根据学术界较为一致的看法,楚国墨学这一学术特点主要体现于今本《墨子》一书中的《经》上、下和《经说》上、下,以及《大取》《小取》共六篇之中。

《墨子》一书,《汉书·艺文志》著录为七十一篇,今存五十三篇。今存刘向《别录》及刘歆《七略》佚篇均无有《墨子叙录》遗文,故此书之成书经过不得而知。但《墨子》书云:"墨子献书惠王,惠王受到读之,曰良书也。"[1] 据此,则可能墨

---

[1] 孙诒让:《墨子间诂·贵义》引《文选注》,中华书局 2001 年版。

子在世时曾编辑过自己的著作，而这可能就是《墨经》。故毕沅注《经》上、下曰："此翟自著，故号曰经。"孙星衍《墨子注后叙》以《亲士》《修身》等六篇，"皆翟自著"①，则只是一种臆测。《晋书·隐逸传》载鲁胜《墨辩注叙》云："《墨辩》有上、下《经》，《经》各有《说》，凡四篇，与其书众篇连第，故独存。"则先秦应已有《墨辩》之编，而鲁胜注书或依原书旧名；汪中《墨子序》谓"《经》上至《小取》六篇，当时谓之《墨经》"，庄周称"相里勤之弟子五侯之徒，南方之墨者苦获、己齿、邓陵子之属，以坚白、异同之辩相訾，以觭偶不仵之辞相应者也"。则显然是将《墨子》中的《经上》《经下》《经说上》《经说下》《大取》《小取》六篇视为《墨经》，且以此《墨经》六篇为楚国墨者所编著也。我以为，依《庄子·天下篇》言，楚国墨者"相里勤之弟子五侯之徒"和"苦获、己齿、邓陵子之属"已"俱诵《墨经》"，则《墨经》自不当出于此代"楚墨"之手明矣。《文心雕龙·宗经》曰："三极彝训，其书曰经。经也者，恒久之至道，不刊之鸿教也。"这是从文章的内容界定"经"的，是一个价值判断，很有道理，但也很难说是一个人人认同的普遍真理。《庄子·天道》说孔子"繙十二经以说"；《天运》篇记孔子之言曰："丘治《诗》《书》《礼》《乐》《易》《春秋》六经，自以为久矣。"此即儒家之"经"。而《墨子》引《诗》《书》《春秋》却无一称"经"。因此，可以说在先秦诸子中每一学派的"经"，必定都是与"说""传""解"相对的概念。凡出自一个学派的开创者或前辈大师的作品就被尊为"经"，

---

① 孙诒让：《墨子间诂》（下），中华书局2001年版，第665页。

后世学者阐发这些"经"的作品则是"说"（"传""解"等）。章太炎也认为"经"是一个不断变化的概念："名实固有施易，世异变而人殊化，非徒方书称经云尔。"① 儒家有"六经"，各"经"皆有"传""解""说""注"等；《墨子》中有《经》上、下，又有《经说》上、下，《管子》中《版法》《明法》等篇，无"经"名，但又有《牧民解》《形势解》《版法解》《明法解》等，则已具有"经"之地位；而《韩非子》一书除《解老》《喻老》尊《老子》为"经"，而名自己作品为"解说"之作外，又于内外《储说》各篇自分"经""说"。

依此而论，《墨子》书中除《经》上、下两篇可称《墨经》之外，其余《经说》上、下和《大取》《小取》②，实皆只是对"经"的解说，应称为"解""说""传""论"，等等。《墨经》除《经》上、下两篇称"经"确定无疑外，其余《经说》上、下和《大取》《小取》，绝不可能包含在"经"中。故"相里勤之弟子五侯之徒"与"南方之墨者苦获、己齿、邓陵子之属"固无与于《墨经》的编著，而论其学术思想及其特点自应排除墨翟自著之《墨经》，而依《经说》上、下和《大取》《小取》及《庄子·天下篇》来进行考察。若依《庄子·天下篇》来看，楚国墨学的特点，殆略可归为三端：

其一，"俱诵《墨经》，而倍谲不同，相为别墨"。我们在上文已经指出，《墨经》当为墨翟所亲手编订过的或前期墨家钜子

---

① 章太炎：《国故论衡·原经》，《国故论衡》（陈平原导读），上海古籍出版社2003年版，第57页。

② 案：孙诒让《墨子间诂》认为《大取》《小取》的"取"，"与取譬之取同"。若依此，则"譬"与《韩非子·喻老篇》之"喻"同义，亦即"解说"之意。

的著作。一般认为，楚墨所诵《墨经》即今《墨子》中之《经》上、下篇。① 但今本《墨子》中《经》既分为上、下二篇，《经说》亦有上、下二篇。② 又有《大取》《小取》与之相应——《经》上、下的内容既有同有异，其行文格式亦差异甚大。如《经上》有释"坚白"的命题，《经下》亦有同样条目；又《经上》曰："知，接也"；"智，明也"；"辩，争彼也"，等等；而《经下》也讨论这些概念，只是《经上》《经下》的行文格式差异巨大。《经上》提出某个概念后，紧接着便予以解说，但《经下》则基本不予解释，而用"说在某"指示其解说之处。而且，《经上》《经说上》与《经下》《经说下》中解说同一命题的出发点和侧重点亦似各有不同。如《经上》曰："坚白，不相外也。"《经说上》解释亦说："坚白异处不相盈③，相非，是相外也。"而《经下》则曰："坚白，说在因。"④《经说下》则解释说："无坚得白，必相盈也。"这即是说，在考察"坚白石"的时候，"视之但见石之白，不见石之坚，而坚之性自含于白中"。⑤ 显然，《经上》《经说上》与《经下》《经说下》对所持"坚白石"之论的出发点和侧重点不仅是各不相同，而且似乎是正好相反的。前者强调"坚"和"白"两种属性的分离，即"异处不相盈"或"相外"，后者则强调了"坚"和"白"两种

---

① 吕思勉：《先秦学术概论》，云南人民出版社 2005 年版，第 110 页。

② 谭戒甫认为："《经上》《经说上》……太半当为三子（指'三墨'）传述而又有精进者焉；若《经下》《说下》类多三子（'三墨'）日修所得，则非墨子所见者矣。"见氏著《公孙龙子形名发微》，中华书局 1963 年版，第 100—101 页。

③ 案：原文作"坚异处不相盈"，孙诒让以为"坚"下当有"白"，今据以补。孙诒让：《墨子间诂》（上），中华书局 2001 年版，第 245 页。

④ 案：胡适云："因疑作盈。"胡适《先秦名学史》，学林出版社 1983 年版，第 193 页。

⑤ 孙诒让：《墨子间诂》（上），中华书局 2001 年版，第 262 页。孙氏又云："疑'必'当为'不'"。殆以《经说上》"必相盈"与《经说下》有矛盾，欲弥合之。

属性的不可分离,即"必相盈"。这样就使持论的双方在"坚白石"问题上形成了"离坚白"与"盈坚白"两种针锋相对的观点。

所以,我们有理由认为,今本《墨子》中的《经》和《经说》皆分上、下,不能简单看作只是作品内容或篇幅上的一种划分,而实际也应是楚国墨学中"相里勤之弟子五侯之徒"与"南方之墨者苦获、己齿、邓陵子之属""俱诵《墨经》,而倍谲不同,相谓别墨"的结果和见证。而这,也可以说正是此时楚国墨学的显著特点之一——他们已形成了自己不同的宗派。

其二,"以坚白、同异之辩相訾,以觭偶不仵之辞相应"。刚刚我们在分析楚国墨学"俱诵《墨经》,而倍谲不同"的特点时,已经指出楚国墨学中《经上》和《经下》、《经说上》和《经说下》两派在坚白之论上互相对立的言论。实际上,楚国墨学中的"相里勤之弟子五侯之徒"与"南方之墨者苦获、己齿、邓陵子之属",不止是在"坚白"论上有"离坚白"和"盈坚白"的对立,并且还有在"异同"论上的"合异为同"和"离同为异"的背反。而且,根据《庄子·天下篇》的记载,持论双方还经常互相攻击、诋毁对方:"或独唱而寡和,或宾主而往来,以有无、是非之辩相毁,用无伦次之辞相应。"这就使当时楚国形成了空前活跃的学术争鸣气氛——此可谓当时楚国墨学的另一特点。

其三,"以巨子为圣人,皆愿为之尸,冀得为其后世"。上文已经指出,"巨子"即"钜子",乃墨家中之"其道理成者",亦即后世禅宗中某一禅系之传衣钵者;墨家中的第一位嫡传"巨子"似为在楚地"传道"的墨者——孟胜。孟胜传"巨子"于宋人田襄子。此外,传世文献中仅出现过秦国人墨者"巨子"腹辪。《庄子·天下篇》云："以巨子为圣人，皆愿为之尸，冀得为其后世。"则此时墨家之"巨子"已不止一个，"别墨"亦应各有"巨子"，自传衣钵，故众人皆跃跃欲试，希望自己继承其位。试想如果同早期墨家那样，"巨子"为墨翟亲授，墨翟在世，谁敢轻言继承"巨子"之位？即使果有其人，亦当仅为少数，不得言"皆愿"。此亦与后世禅宗传授衣钵相似。禅宗自达摩东来，二祖慧可，三祖僧璨，四祖道信，五祖弘忍，六祖慧能，代代衣钵相传，只认祖师一人。六祖慧能之后，禅宗"一花开五叶"，演化出"五家七宗"，每家每宗自各有其祖师，各家各宗亦必各有其所传衣钵。楚国墨家既已分裂出各派"别墨"，互相诋毁、攻击，如《韩非子·显学》所言，皆以己为"真墨"学，那么他们必定会推拥出自己的"巨子"，以之为"圣人"，而"皆愿为之尸，冀得为其后世"也——这也可以说是当时楚国墨学的第三个重要特点。

楚国的墨学之所以会形成《庄子·天下篇》所说的如上特点，这与墨学自身的发展及楚国思想史的状况都是分不开的。

从墨学自身的发展来看，墨子在世的时候，墨学就已有所谓"谈辩"一派，说明其中已包含了后来"名辩"学派的因子。故清代以来，学者多以"名家之学，出于墨氏"。[①] 稷下学派中宋钘、尹文、田巴等乃以名辩者著称之墨者。可见，名、墨合流乃战国中后期学术发展的一大趋势。楚国墨学在当时"以坚白、同

---

① 参见谭戒甫《公孙龙子形名发微》，中华书局 1963 年版，第 92—103 页。案：清代以来，以名家出于墨子者多有。如陈澧（《东塾读书志·诸子》）、孙诒让（《籀高述林卷十》）、梁启超（《墨子学案》）、邓云昭（《墨经正义·别墨考》）等皆有此说。此见其同，而未见其异，名家远源于邓析之流，早于墨子。

异之辩相訾,以觭偶不仵之辞相应",也正是战国中后期墨学发展特点的体现。

从楚国思想界的发展状况来看,楚国是老庄道家的大本营,但《老子》开篇即曰:"道可道,非常道;名可名,非常名。无名,天地之始;有名,万物之母。"这其实就是名辩的内容。《庄子》书中亦多庄子与惠施之辩说。这就为名辩学在楚国的繁衍、兴盛提供了契机。墨家最早的"巨子"出现在楚国,战国中后期又不断有具名辩色彩的墨者田鸠、田赘、胡非子等游学于楚,在楚国形成不同的墨学流派,并在各派间发生学术思想的碰撞。《庄子·天下篇》曰:"南方有畸人焉,曰黄缭。问天地所以不坠不陷,风雨雷霆之故。"1956年信阳长台关1号还出土了下葬于战国中期的楚简《墨子》佚篇①,亦很有"谈辩者"的作风。这既可知当时楚国墨学的兴盛,亦可知楚国人对名辩学说的热情,学名家之学者必不在少数。在这样的思想背景下,楚国的墨学又怎能不染上名家的习气,而"以坚白、同异之辩相訾,以觭偶不仵之辞相应"呢?

从整个先秦墨学的历史发展来看,楚国墨学的上述特点和成果,对整个中国先秦墨学的发展做出了突出贡献,具有十分重要的历史地位。这种贡献,一方面是它成功地实现了墨学与名、道等诸子学的融合,使墨学的发展走向高潮,形成自己的不同宗派,极大地促进了楚国学术乃至整个中国学术的繁荣;另一方面则是它使楚国一度成为墨学的中心,成为了中国墨学交流中的"东方墨学"走向西部秦晋而形成"秦墨"的重要管道。

---

① 李学勤:《长台关墓子中的〈墨子〉佚篇》,《简帛佚籍与学术史》,江西教育出版社2001年版,第327—333页。

在我们上文所引蒙文通的《论墨学源流与儒墨汇合》一文中，蒙氏曾以墨家"三墨"乃指"南方之墨""东方之墨"和"秦之墨"，以《韩非子·显学》中的"相夫氏又称伯夫氏之墨"为"秦墨"；美籍华裔学者何炳棣亦以为"墨者与统一之前的秦国有密切关系"，秦墨在秦国由弱变强、直到最后统一中国的进程中的贡献，可谓"国史上的'大事因缘'"。①传世载籍亦有零星"秦墨"的事迹，如《吕氏春秋·去私》篇中的"秦墨钜子"——腹䃂、《去宥》篇中的"秦之墨者唐姑果"等。值得注意的是，据上述史料记载，很多"秦墨"似乎都并不是秦籍人士，而是"东方之墨"，如《吕氏春秋·首时》篇中的田鸠，《去宥》篇中的"谢子"以及《去私》篇中的"墨者钜子腹䃂"②，等等。而且这些活动于秦地的"秦墨"，似乎又都先有一番游学楚国的经历，再取道楚国而到秦国。《吕氏春秋·首时》篇曰：

> 墨者田鸠欲见秦惠王，留秦三年而弗得见。客有言之于楚王者，往见楚王。楚王说之。与将军之节以如秦，至，因见惠王。告人曰："之秦之道，乃之楚乎？"

《艺文类聚》卷六八引《墨子》也有此段文字，文末一句作"吾不识秦之道，乃当由楚也"。这说明当时墨者的赴秦，并不由中原或三晋之地，而是经由南方的楚国——楚国在先秦墨学的传

---

① 何炳棣：《国史上的"大事因缘"解谜——从重建秦墨史实入手》，《光明日报》2010 年 6 月 3 日第 10—11 版。

② 案：田鸠，即《汉志》之"田俅子"，《吕氏春秋·首时》高诱注："田鸠，齐人，学墨子术。"谢子，高诱注为"关东人"，但原文明言其为"东方之墨者"，故应为齐人。腹䃂，历代无言其籍贯，此处姑定为齐人。

播史上实起着某种桥梁或中介的作用，而楚国墨学则是此时中国墨学的交会点和融合点，它先将东、西、南、北各地的墨学吸纳、融汇并进行加工，再向四周传播和输送自己新鲜的墨学。故《墨子》书中，尚偶可见楚方言。如《墨子·非攻上》"道路辽远，粮食不继傺"，毕沅注引王逸《楚辞章句》曰："傺，住也。楚人谓住曰傺。"又引扬雄《方言》卷七曰："傺，逗也。南楚谓之傺。（郭璞注：'逗，即今住字也。'）"今本《墨子》书中自《备城门》以下至《杂守》共十一篇，学者历来认为是"秦墨"的作品，但就是在这些"秦墨"之作中，却也不时夹杂了一些楚言楚语。《墨子·备城门》"楛、赵、攎、榆，可。"孙诒让注：

> 《方言》（卷五）曰："杠，南楚之间谓之赵。"郭璞注云："'赵'，当作'桃'；声之转也。"

《墨子·号令》"令骑若使者、操节闭关者皆以执黿"，孙诒让注：

> 此字误，前《耕柱》篇"白若之龟"，"龟"旧本作"黿"。疑此亦当为"龟"之讹。……《说文·土部》云："楚爵有执圭。""圭"、"龟"音相近而讹。

由"秦墨"的著作中残留的楚言楚语，似可以进一步证实"秦墨"的确应该是经由楚国输入的，楚国墨学在中国先秦墨学史确实发挥过重要的作用和影响。

四 《墨子》书中的某些"古字" 及楚简文字中若干从"刀" "斤""戈"字的特殊写法 与墨家思想的关系

（一）

《墨子》一书，《汉书·艺文志》之"诸子略"著录为"七十一篇"，《隋书·经籍志》著录为"《墨子》十五卷，《目》一卷"。自唐宋起，其书先后亡佚十九篇，存五十三篇，成今本《墨子》之祖本。由于历代少有治"《墨》学"者，故该书少有人研究，其书文字的"错讹严重，几至不可句读者"。① 但亦由此之故，该书也在无意间保存了大量古文字。清代学者已多留意于此。毕沅《墨子注叙》曾说："先秦之书，字少假借，后乃偏旁相益。若本书，源流之字作'原'，一又作'源'；金以溢为名之字作'益'，一又作'镒'；四竟之字作'竟'，一又作'境'。皆传写者乱之，非旧文。乃若'贼敚'百姓之'杀'字

---

① 《墨子间诂》点校本《前言》，孙诒让：《墨子间诂》（上），《新编诸子集成》，中华书局2001年版，第5—6页。

古文，遂而不反，合于遂亡之训，'关叔'之即'管叔'，寔足
以证声音文字训诂之学，好古者幸存其旧云。"孙星衍《墨子注
后叙》亦曰：此书"古字古言"，通"声音训诂之原"。而王念
孙《读书杂志·墨子杂志》言之最详，其言曰：

> 然是书以无校本而脱误难读，亦以无校本而古字未改，
> 可与《说文》相证。如《说文》"亯"字，篆文作"亯"，
> 隶作"亨"，以为"亨通"之"亨"（俗又作"烹"），而
> "亨"行而"享"字废矣。唯《非儒》篇"子路享豚"，其
> 字尚作"享"。……是书最古，古音假借之字亦最多，如
> "胡"作"故"（《尚贤中》篇"故不察尚贤为政之本也"，
> "故"与"胡"同），"降"作"隆"（《非攻下》篇"天命
> 融隆火于夏之城"，"隆"并与"降"同），"诚"作"情"，
> 又作"请"（《尚同下》篇"今天下王公大人士君子，中情
> 将欲为仁义，求为上士"，《节葬下》篇"今天下王公大人
> 士君子，中情将欲为仁义，求为上士"，"情"、"请"并与
> "诚"同），"拂"作"费"（《兼爱下》篇"即此言为行费
> 也"，下文"费"作"拂"），"知"作"智"（《节葬下》篇
> "智不智"，下"智"与"知"同），"志"作"之"（《天志
> 中》篇"子墨子之有天之"，下"之"字与"志"同，"天
> 之"即"天志"，本篇之名也），"佗"作"也"（《小取》
> 篇"辟也者，举也物而明之也"，"也物"即"佗物"，
> "佗"，俗作"他"），"晞"作"欣"（《耕柱》篇"辟若筑
> 墙然，能筑者筑，能实壤者实壤，能欣者欣"。"欣"与
> "晞"同），"管"作"关"（《耕柱》篇"古者周公旦非关

叔";《公孟》篇"关叔为天下之暴人","关"并与"管"同），皆足以见古字之借、古音之通，他书所未有也。

王引之《墨子杂志》对《墨子》书中文字特点的分析，既涉及到文字的字形问题，也涉及到文字的使用问题。所谓"《墨子》书多古字"，是说《墨子》书中保存有许多字形异于后世的古文字；而所谓"假借之字亦最多"，则实际上是说的《墨子》书中文字使用问题，即某字本来该用某字，但实际上却用了与此字读音相同或相近的另一个字。但不管怎样，这都说明《墨子》一书中存在大量古文字运用中的特殊现象；这些特殊现象已引起前代学者的极大关注，当然也值得我们今天加以特别重视。

如果做进一步的深入分析，前人所谓《墨子》书中多有的"古字"，也并非是早于《墨子》成书时代的"古字"，即这些字并非与《墨子》成书时代的通行文字构成"古今字"关系的"古字"，实际存在更复杂的情况：其中一部分可能是古今字，另一部分可能是异体字，还有一部分则可能是假借字。

《墨子》书中的许多字，如"镒"字写作"益"（《贵义》篇"侍女以千益"之"镒"作"益"）、"腰"写作"要"（《兼爱》"昔楚灵王好细要"之"腰"写作"要"）、"坠"写作"队"（《七患》"队其子于井中"之"坠"写作"队"）、"他"写作"也"（《小取》"举也物而明之也"之"他物"写作"也物"），等等——"益""队""要""也"便是产生时代早于"镒""坠""腰""他"的"古字"——二者构成古今字的关系。而另外一些字，如"祥"又写作"殃"（《非乐上》"降之百殃"之"祥"作"殃"）、"鹊"又写作"鹳"（《鲁问》"公输子

削木为誰"之"鹊"作"誰")、"肉"又写作"宍"(《备城门》
"狗彘豚鸡食其宍"之"肉"作"宍")、"饵"又写作"蛒"
(《鲁问》"蛒鼠以虫"之"饵"作"蛒"),等等,则很难说
"殊"与"祥"、"鹊"与"誰"、"蛒"与"饵"之间,哪个字
产生的时代更早,而只能说它们应是在不同地区由不同群体独立
创造出来的异体字。孙诒让《墨子间诂·自序》所谓"墨子书
中多古字,许君举其'萧''绷'二文",指的应该就是这类异
体字。至于《墨子》书中更多的"古字",则只是该书成书时作
者们的文字书写习惯,属于文字通假现象。如"管叔"之"管"
写作"关"(《耕柱》:"古者周公旦非关叔")、"举"写作"與"
(《天志中》:"故天下之君子與谓之")、"情"写作"请"(《明
鬼下》:"夫众人耳目之请")、"戮"写作"僇"(《所染》:"为
天下僇")、"早晚"之"早"写作"蚤"(《尚贤中》:"蚤朝宴
退")、"保"写作"葆"(《鲁问》:"葆昭王于随")、"蹊"写
作"傒"(《备城门》:"昵道、傒近"),等等。

值得注意的是,《墨子》书中这种大量使用"古字"的现
象——不论其属于古今字、异体字还是通假字——虽然是一种较
为普遍的文字使用习惯,如"其"写作"亓"、"志"写作
"之"、"勇"写作"憑"(惪)、"飞"写作"蜚"、"上"写作
"尚"、"情"写作"请"等等,即多与新近出土的楚简文字用例
相同,更多的乃属于当时文字的普遍使用习惯使然;但也有许多
情况并不是文字的写作者们无意识的书写行为,而应该是一种有
意的文字选择与使用举动,说明《墨子》一书中一些"古文"
的出现,是包含着书写者的深层的文化心理因素和哲学思想观念
的。前人早已注意到这个问题。《淮南子·说山训》曰:"曾子

101

立孝，不过胜母之闾；墨子非乐，不入朝歌之邑。"《史记·邹阳列传》载邹阳《狱中上梁王书》亦曰："故县名胜母，而曾子不入；邑号朝歌，而墨子回车。"

历代注家或谓"曾子"当为"孔子"，而于墨子之事则无有异辞，由此可见，墨子为坚持自己的思想而严于语言文字的使用应为事实。而墨子之所以"不入朝歌之邑"或见"朝歌之邑"而"回车"，乃是因为地名中有个"歌"字；而他之所以对这个无声无息的"歌"字避之若仇，又是由于他的"非乐"主张。墨子认为，如果王公大人们热衷于"大钟鸣鼓、琴瑟竽笙之声"，那么，"将必厚措敛乎万民"；"亏夺民之衣食之财"，"废大人之听治"和"国家之从事"。故而他在面对"朝歌之邑"这个歌乐风行、且以"歌"命名的城邑时，严于名实之辨，强调"是名也止于是实也"，"若实也者必以是名也"（《墨子·经说上》）的墨子，就采取了对"歌"字十分忌讳、并且避而远之的态度。而其书中"杀""戮""义""戕"等字，亦多不写作从"乂""戈"之形，而借异体字或假借字为之，当因墨子希望借此以求远离血腥残暴之气。《墨子·非攻下》"必使汝堪之"毕沅注曰："《文选注》、《艺文类聚》引作'戡'，此'戗'字之假音。《说文》云：'戗，杀也。'《尔雅》云：'堪，胜也。'"

墨子是否有意假"堪"以代"戡"，这不得而知，但由毕注引《说文》云："戗，杀也。"与墨子之"兼爱""非攻"思想相参看，仍不难见出二者之间的联系。故《说文解字·我部》特举"墨翟书"之"义"作"羛，从弗"。仿佛是说因墨子有"兼爱""非攻"思想，故在"义"字的结构上特去掉"手"——古"杀"字（《说文解字·我部》："我，施身自谓也。从戈、手。

手，古文垂也。一曰古文杀字。"），而改为从"弗"，成为上
"羊"下"弗"的结构——"羪"。《墨子·非儒下》"儒者曰：
亲亲有術，尊贤有等"，王引之曰：

> 此《中庸》所谓"亲亲之杀，尊贤有等。"今云"亲亲
> 有術"者，"杀"与"術"声近而字通也。《说文》"殺"
> 字从殳，杀声。而杀字，《五经文字》曰："杀，古殺字。"
> 今案：杀字盖从乂、术声。《说文》云："乂，芟艸也。从
> 丿、乀相交。或从刀，作刈。"《广雅》："刈，杀也。"哀元
> 年《左传》"艾杀其民"，艾与乂、刈同，是乂即是杀字也。
> 故杀字从乂，而以术为声。"乂"字篆文作"㐅"，今在
> "术"之上，故变曲为直而作"乂"，其实一字也。《说文》
> 无《乂部》，故杀字无所附而不收。"杀"与"術"并从
> "术"声，故声相近。转去声，则"杀"音色介反，"術"
> 音遂，声亦相近。故《墨子》书以"術"为"杀"。[1]

王引之在此详细说明了《墨子》书中假"术"为"杀"的
音韵学依据。尽管王引之并未直接将其与墨子的"兼爱""非
攻"思想主张联系起来，但由"杀"字从"乂"，"乂"即
"刈"，本为斩杀、芟刈之字，而墨子曾因"非乐"而不过"朝
歌之邑"来看，认为他是为了回避"杀"字中充满杀戮和血腥
气的"乂"字，也是符合情理的。《墨子·尚贤中》"贱傲万
民"，孙诒让注引王念孙之言曰：

---

① 孙诒让：《墨子间诂》（上），《新编诸子集成》，中华书局2001年版，第287页。

"贱"当作"贼","傲"当作"殺"。《说文》字本作"敍","殺"古文作"𣪊",二形相似。"𣪊"误为"敍",又误为"傲"耳。《墨子》多古字,后人不识,故传写多误。此说桀纣幽厉之暴虐,故曰"诟天侮鬼,贼杀万民",非谓其贱傲万民也。上文言尧舜汤文武"尊天事鬼,爱利万民","爱利"与"贼杀"亦相反。《法仪》篇曰:"兼爱天下百姓,率以尊天事鬼,其利人多;桀纣幽厉率以诟天侮鬼,其贼人多。"故知"贱傲"为"贼杀"之误。《鲁问》篇"贼敍百姓",《太平御览·兵部》七十七引"贼敍"作"贼杀",是其明证也。①

在此,王念孙也没有说明《墨子》书中以"敍"代"殺"与其"兼爱""非攻"思想之间的联系,但我们仍然不推测《墨子》一书以"古文"敍代"杀"的原因,应当同样是由于"杀"字从"乂"(刈),具有某种与生俱来的血腥和杀戮气息吧。故许慎《说文解字》云其所见《墨子》书中"義"字不从"我"而从"弗",而现代学者则认为:"(義)不从'我',而从'弗',用'弗'代替'我',明示着对'我'的否定,当系对'我'左旁的古'杀'字而来。这是墨子兼爱、非攻思想的逻辑引申"。②

因此,可以说,《墨子》书中"多用古字"(古今字、异体

---

① 孙诒让:《墨子间诂》(上),《新编诸子集成》,中华书局2001年版,第61页。
② 庞朴:《郢书燕说——郭店楚简、中山三器心旁文字试说》,武汉大学中国传统文化研究院编:《郭店楚简国际学术研讨会论文集》,湖北人民出版社2000年版,第41页。

字或同音假借字），是与其哲学思想密切相关的。《墨子》书中
所用文字的偏旁尽量去掉那些与"杀"相关的古字、异体字或假
借字，实是其在兼爱、非攻思想指导下在文字的结构和使用上所
做的有意的改造与选择。

（二）

《墨子》书的作者们为了贯彻其特有思想主张，在文字的构
形和使用上注入了其思想文化的因素，这种现象在楚简文字中同
样不乏其例。例如，楚简中那些以"刀""斤""戈"为形旁的
文字，除了大多为《说文解字》中相似的写法之外，也有一部分
常表现为某种特殊的形体：一是在以"刀""斤""戈"为形旁
（或形符）的形声字中省去了整个形符，使这些成为仅有声符
（或声旁）的表音符号，如"则"写作"㫃"（貝）[1]、"斯"写
作"㠱"（其），等等；二是在以"刀""斤""戈"为形旁的形
声字中，用非"刀""斤""戈"类字来作形旁以构造出本字的
异体字，如"戟"的形旁不从"戈"而改为从"支"，写作
"㪍"，"判"不从"刀"而改成从"田"的"畔"，等等；三是
直接借用另一个读音相同（或相近）的字来替代本字，以形成假
借字用例，如用"愄"代替"威"、用"宜"代替"義"（义），
等等。对于楚简文字中这类特殊写法，是否可如以往的学者们那

---

[1] 案："则"字所从之"贝"，实为"鼎"之开讹，故有人以为"则"字为会意
字，"会以刀刻鼎铭为准则之意"。此处不采其说，仍以"则"从"贝"（鼎）、从
"刀"，"鼎"（贝）亦声的一般形声字。参见何琳仪《战国古文字典》（上），中华书局
1998 年版，第 94 页。

样，仅以同音假借字视之呢？笔者认为，由上文我们对《墨子》书中一些"古文"的分析来看，在楚简文字的书写时代，这些从"刀""斤""戈"的形声字大多字形已比较稳固，如左"其"右"斤"为"斯"，左"贝"右"刀"为"则"，上"羊"下"我"为"義"等，楚简文字将这些从"刀""斤""戈"的文字以不从"刀""斤""戈"的"古文"或异体字、假借字代替的现象，是值得特别加以关注的，它应该也反映了当时楚国同样存在着墨家那种"兼爱"和"非攻"的思想的影响。

楚简中从"刀""斤""戈"之字的特殊写法，出现较多的是从"刀"的"则""刑"（型）"剑"，从"斤"的"斯"，从"戈"的"载""威""戚""義"等字。如曾侯乙墓简中的"戈"一律采用假借字，写作"菓"；郭店楚简中的"则"一律写作"昦"，不从"刀"，"刑"（型）一律写作"垟"，也不从"刀"。包山楚简中的"剑"都写作"鍂"，不从"刀"而从"金"。郭店楚简和上博简《性情论》中的"斯"，都写作"昪"，不从"斤"；郭店楚简中的多数"威"写作"媿"或"恨"、"戚"写作"憙"、"義"写作"宜"、"刚"写作"雳"、"戮"写作"廖"。（《郭店楚墓竹简》之《性自命出》《六德》《缁衣》《五行》《穷达以时》等）包山楚简中有的"载"写作"敕"，不从"戈"而从"攴"；有的"戮"写作"勠"，也不"戈"而从"歹"，有的"義"下面的"我"作"🏹"，与"弗"形近，很容易使人联想到《说文解字》中所云"墨翟书'義'作'羛'"。

楚简中上述不从"刀""斤""戈"诸字可能有的属于本字的异体字，如"剑"与"鍂"、"载"与"敕"等；有的属于本

字的通假字，如"威"与"愄"、"義"与"宜"等；有的虽也
可勉强划入本字的通假字的行列，但它们和本字之间似又可看成
古今字或异体字的关系，如"其"与"斯"、"貝"与"则"、
"坓"与"型"等。现在的问题是，楚简的书写者在使用从
"刀""斤""戈"的"刑""则""剑""斯""载""義"等字
时，为什么不直接采用这些字的从"刀""斤""戈"的本字
（我们姑且认为这些字从"刀""斤""戈"的形体为它们的本
字），而似乎有意地要回避这些字中的"刀""斤""戈"等形符
或偏旁呢？这个问题需要认真分析。

（1）"刀"。《说文解字·刀部》："刀，兵也。象形。凡刀之
属皆从刀。"这是说，"刀"是一个象形字，"刀"虽然在日常生
活中用以切割牺牲，但就其属性而言，则属于古代所谓兵器，故
《说文》称之"兵也"。段玉裁注云："刀者，兵之一也。"今人
何琳仪解楚简"鸾刀"一词曰："楚简'刀'，切割牺肉之具，
或为兵器。"① 其释义可谓后出转精，更趋周密。楚简中从"刀"
之字如"则""刑""刚""判"等，若去其"刀"旁，则其字
义当发生明显变化。

A. 则——昃。则，《说文解字·刀部》："则，等画物也。
（段玉裁注：'等画物者，定其等差而各为介画也，今俗云"科
则"是也。介画之，故从'刀'。引申之为法则，假借之词
也。'）从刀、贝。贝，古之物货也。𩲃，古文则。𩲃亦古文则。
𩲃，籀文则，从鼎。"郭沫若《两周金文辞大系考释》曰："则，
从刀，从鼎，当是宰割之宰之本字。"何琳仪说："则，金文作𩲃

---

① 何琳仪：《战国古文字典》（上），中华书局 1998 年版，第 303 页。

（何尊），从刀，从鼎，会以刀刻鼎铭为准则之意。或作𣂈（段簋），从刀，从二鼎，会以一鼎为准则用刀刻画另一鼎之意，即所谓等画物。……战国文字承袭两周金文，鼎足或由𣥠省演为𠔼、𠆢、𠒰，鼎旁遂讹为'贝'形。"① 这就说明，"则"字所从之"刀"对"则"字的字义有决定意义。从"刀"，"则"字就有了"宰割"或以"刀刻鼎为准则"之意；不从"刀"，该字就成了"昗"，成了一个象形字，象鼎之形。

B. 刑——𡐦。刑，《说文解字·刀部》："刑，剄也。从刀，幵声。"但这个"刑"字乃是"荆"字之讹。段玉裁注："按，荆者，五荆也。凡荆罚、典荆、仪荆皆用之。剄者，剄头也，横绝之也。此字本义少用，俗字乃用刑为刑罚、典刑、仪刑字。不知造字之恉即殊，井声、幵声各部。凡井声在十一部，凡幵声在十二部也。"这说明"刑"的本字作"荆"，从刀，井声，本义为剄头，即断头也，是所谓"刑之至重者也"。故《吕氏春秋·顺说》"刑人之父子也"高诱注："刑，杀也。""𡐦"字《说文解字》未收，《篇海类编·地理类·土部》"坢、𡐦，坑陷也。"这是说，"坢、𡐦"都是"阱"的异体字，指陷坑。②

C. 判——畔。判，《说文解字·刀部》曰："判，分也。从刀，半声。"段玉裁注认为"判"是一个"形声包会意"字，因为《周礼》"媒氏掌万民之判"注曰："判，半也。""判"的本义为用刀将事物分割为两半，故从"刀"。而"畔"字，《说文解字·田部》说："畔，田界也。从田，半声。"则是一个纯粹

① 何琳仪：《战国古文字典》（上），中华书局1998年版，第94页。
② 参见《汉语大字典》（一），湖北辞书出版社、四川辞书出版社1986年版，第421页。

的形声字,只表示"田之竟处"(边界)。可见,从"刀"的
"判"与从"田"而不从"刀"的"畔",字义完全没有联系。
"判"字,从"刀",字义有分开、分割、割裂之义,预示着某
种强力和血腥,这是"畔"所完全没有的。

D. 刚——劈。刚,《说文解字·刀部》:"刚,强断也。从
刀,冈声。⿰,古文'刚'如此。"《说文·斤部》又说:"断,
截也。"可见,"刚"字的本义是强有力地将事物斩断为两截。
因为古人认为最有效的斩断事物的工具是"刀",故此字从
"刀"。但是,也有人认为,能最强有力地斩断事物的工具并不一
定是锋刃锐利的"刀",而应该是人的诚信品质,或某种无形而
强大的力量,所以这就有了《说文》中的古文"刚"(⿰)和楚
简中的"劈"字。①

(2)"斤"。《说文解字·斤部》:"斤,斫木斧也。象形。凡
斤之属皆从斤。"这就是说,"斤"是一个象形字,在日常生活
中作伐木之用。但《玉篇·收部》云:"兵,《说文》曰:'械
也。从斤。斤,兵也。'"清人沈涛的《说文古本考》云:"盖今
本夺'斤,兵也'三字。"故王筠《说文释例》卷八曰:"斤即
兵也,故兵亦从斤。"这说明,"斤"同时又是一种兵器,是杀
伐的工具。故凡从"斤"之字,如"斫""斯""斩""斯"
"断"等字,皆有砍杀之义。但楚简中从"斤"的"斯"字,却
常见有省"斤"之形,写作"异"(其)。

斯,《说文解字·斤部》曰:"斯,析也。从斤,其声。
《诗》曰:'斧以斯之。'"这说明许慎认为"斯"是个形声字,

---

① 楚简中有的"劈"还写作"弜""弜"等。

"其"只表该字的字音，"斤"表示字义。"斯"的本义是用斧子把某物劈开或分裂开。《诗经·陈风·墓门》中的"墓门有棘，斧以斯之"的"斯"，毛传曰："斯，析也。"用的就是该字的本义。至于"其"，《说文解字·竹部》认为它是"箕"字的初文，即"其"的本义为"箕"。此说已被甲骨文以来众多出土的文献资料所证实。这也说明，"斯"和"其"在字义上是没有任何关系的。"斯"字去掉"斤"旁，在字形上也就完全失去了"斯"字原有的劈开、分析、分裂之义。

（3）戈。《说文解字·戈部》："戈，平头戟也。从弋，一衡之。象形。凡戈之属皆从戈。"与刀、斤同时用作伐木宰牲之具不同，"戈"从产生之日起就是纯粹的兵器，是战争工具。《说文解字·戈部》既释"戟"为"有枝兵也"。《书·费誓》又曰："备乃弓矢，锻乃戈矛，砺乃锋刃，无敢不善。"亦明确说明了"戈"的杀戮作用。故《说文解字·戈部》所录从"戈"的"戟""戎""战""戮""贼""威""戚"等①，均与攻战有关。而如楚简中去"戈"旁的字，其字义与带"戈"旁本字，已相去甚远。

A.戮——翏。戮，《说文解字·戈部》："戮，杀也，从戈，翏声。"段玉裁注："'杀'下曰：'戮也'。二篆为转注。古文或假'翏'为之。"楚简中的"戮"有时写作"翏"，正是段注所谓"古文或假'翏'为之"。不管楚简中将"戮"写作"翏"的现象是楚文字使用者的有意简省还是"通假"习惯，是否使用形符"戈"，对"戮"字字义都是至关重要的。《说文解字·羽

---

① 案：《说文》分立有戈、戉、戌、戍、戉、我等部首，但由甲骨文来看，诸部首字皆为兵戈之"象形字"，故此处统归入戈部。

部》:"翏,高飞也,从羽、㐱。"鸟儿高飞自然无关杀戮。

B. 戟——敤。戟,前引《说文解字·戈部》已曰"戟"之字义为"有枝兵也"。而《说文》其后又云,"从戈,幹省。《周礼》:'戟长丈六尺。'"许慎的意思是说,"戟"是一种兵器,(《广雅·释器》曰:"戈,戟也。"比《说文》"戈,平头戟也"之说更为直接,将"戟"与"戈"完全等同了。)从构形上看,"戟"属于会意字,会"戈"安置于"幹"头之意(即所谓"有枝兵也。")。段玉裁注曰:"(一本)'省'作'声'者,误。"也进一步明确肯定了"戟"字是一个会意而非形声字。"戟"之所以被定义为"兵",为武器,正由其右边"戈"旁的兵器属性而来。"敤"字可视为"戟"的异体字,但是它将"戟"右边的"戈"旁改成了"攴"旁,因而使"敤"字失掉兵器性质。《说文解字·攴部》:"攴,小击也。从又,卜声。凡攴之属皆从攴。"① 但"小击"不可能用刀、斤、戈或杀人之杖(如殳),而只可能是小树枝或教鞭。故有人举作为"小击"之"攴"和作为杀人武器的"殳"为例,辨析兵器与非兵器的区别云:

（攴），《甲骨文摭续》一九〇作🖐,象手持物有所敲击。攴与殳同有击义,殳字甲骨文作🖐,作🖐（见前"殳"部下"正解"）,手中所持之物,顶端有突出之物,呈方圆形,具有威慑力,而攴作🖐,训为小击,此其异也。②

---

① 案:《说文》以"攴"为"从又,卜声"的形声字未必正确,从甲骨文来看,"攴"字上部"卜"为树枝或放牧之鞭,下部"又"为手形,故该字当为会意字,至少也应视为形声兼会意字。

② 徐复、宋文民:《说文五百四十部首正解》,江苏古籍出版社2003年版,第74页。

故《说文解字·殳部》在引《周礼》曰："殳以积竹，八觚，长丈二尺，建于兵车，旅贲先驱。"说明"殳"之形制之后，即解"殳"为"以杖殊人"。而惠栋《读说文记》则径曰："殊人犹杀人"。因此，我们也可以说，楚简将"戠"改写作"敆"，也就等于是将一种残酷杀戮的兵器，改成了一种只是教训一下人的工具。

C. 義——宜。《说文解字·我部》："義，己之威仪也。从我、羊。《墨翟书》羛，从弗。魏都有義阳乡，读若锜，今属邺，本内黄北二十里乡也。"而《说文》释"我"曰："我，施身自谓也。从戈、𠦬。𠦬，古文垂也。一曰古文杀字。凡我之属皆从我。"这表明，"義"乃今之所谓"威仪"之"仪"的本字，而"威仪"之"仪"的"義"字，因为"我"字甲金文皆象兵器（即"仪仗之器"）。故《说文》以"我"为"一曰古杀字"；而《公羊传·桓公三年》"我而可为其有矣"何休解诂亦云："一曰：我，古杀字。"《尚书·泰誓中》："我伐用张"，《孟子·滕文公下》引作"杀伐用张"。可知"我"字所从形符确为"戈"类兵器，"義"的"威仪"之义则由"我"而来。"宜"虽古音与"義"同属歌部，但义、宜同义互训当属后起。《说文解字·宀部》："宜，有所安也。从宀之下、一之上，多省声。𡪄，古文宜。𡨆，亦古文宜。"何琳仪云："宜，甲骨文作𥩟（前七·二〇·三）。从且（俎之初文）、从二肉，会俎上载肉之义。"① 可见，義、宜二字在形义上本无任何联系，楚简文字用"宜"代"義"，同时也就阻断了"義"字在字义上通往兵器、杀伐方面

---

① 何琳仪：《战国古文字典》（下），中华书局1998年版，第859页。

的一切可能。

D. 威——惶。威,《说文解字·女部》:"威,姑也。从女,从戌。《汉律》曰:'妇告姑曰威'"。许慎此说未臻精确。以《汉律》解"威"字本义实不惬当。何琳仪曰:"威,甲骨文作'𢦏'(前六·二六·七)。从戈,从女。会以戈害女之意。"[1]"威"字本义如用"姑也"来解释,正如将"戟"字的右边"戈"符换成"攴"一样(是把用兵器杀伐取威换成了用教鞭建立威力),差别是巨大的。故"威"字本义当以何说为优。"惶",《说文解字》未收。《说文解字·甶部》有"畏"字,云:"畏,恶也。从甶、虎省。鬼头而虎爪,可畏也。禺,古文省。"《说文》所言"畏"之形义不误,则"惶"字是从心、畏声的形声字,表示心中畏惧。楚简文字以表示心中畏惧的"惶"替代"以戈害女"的"威",使人又一次远离了"兵威"。

(三)

楚简文字是先秦时期(主要是战国时期)楚人书写于竹简上的一种带有鲜明的时代和楚国地域文化特色的文字。而众所周知,春秋战国时期是我国历史上兵戈不息、战争频仍的极为动荡的时期。仅"《春秋》所记,在二百五十余年的春秋时代中,言'侵'者六十次,言'伐'者二百一十二次,言'围'者四十次,言'师灭'者三次,言'战'者二十三次,言'入'者二十七次,言'进'者二次,言'袭'者一次,言'取'言'灭'

---

[1] 何琳仪:《战国古文字典》(下),中华书局1998年版,第1169页。

者，更不可胜计"。① 以至于到了战国时期："并大兼小，暴师经年，流血满野，父子不相亲，兄弟不相安，夫妇离散，莫保其命，滑然道德绝矣。"（刘向：《战国策序》）

面对如此残酷的刑罚与战争，人们朝不保夕，命贱如草。当时那些政治家、军事家和思想家们无不陷入深沉的思考，探索着摆脱这一困境的办法。春秋时期楚庄王的"止戈为武"之说，宋国华元、向戌倡导的"弭兵运动"，以及春秋战国时期由道、儒、墨、名、法等诸子学派的代表人物提出的各种轻刑、非攻、偃兵的学说，就都是这种思索的结果。《左传·宣公十二年》载：

> 丙辰，楚重至于邲，遂次于衡雍。潘党曰："君盍筑武军，而收晋尸，以为京观？臣闻克敌，必示子孙，无忘武功。"楚子曰："非尔所知也。夫文，止戈为武。武王克商，作《颂》曰：'载戢干戈，载櫜弓矢。我求懿德，肆于时夏，允王保之。'又作《武》……夫武，禁暴、戢兵、保大、定功、安民、和众、丰财者也，故使子孙无忘其章……"

面对臣下的"观兵"耀武的主张，楚庄王从文字构形的角度提出了自己的"武功"观。他认为，"武"这个字，由"止"和"戈"两个部件组成，应该理解为"戢兵"即"止戈息战"的意思。② 观其所谓"武有七德"：禁暴、戢兵、保大、定功、安民、

---

① 翦伯赞：《先秦史》，北京大学出版社1989年版，第292页。
② 案：关于"武"字形义，今人多不同意楚庄王"止戈为武"之说。如于省吾《释武》云："武从戈，从止，本义为征伐示威。征伐者必有行，'止'即示行也。征伐者必以武器，'戈'即武器也。"

和众、丰财。其核心实在于止息兵战,安和人民。这说明楚庄王已对残酷战争给社会所造成的灾难有着清醒的认识,并有止兵息战、戢安人民的愿望。

楚庄王尚且有"息武止战"的愿望,那些被兵战逼得"易子而食、析骨以爨"的人民这种愿望就更为强烈了。故春秋中期宋国的大夫华元、向戌就先后倡导和发起了两次著名的"弭兵运动";而晋国韩宣子则说:"兵,民之残也,财用之蠹,小国之大灾也。"① 即使那些为春秋霸主们出谋划策的军事家和谋士们,如孙武、范蠡也都认为"兵者,凶器也"(《国语·越语下》);"不战而屈人之兵,善之善者也"(《孙子·谋攻》)。

战国时期,中国社会的兼并战争更趋激烈。面对这一现实,道家、儒家、墨家都发出了反战的呼声。墨家以"兼爱""非攻"的主张而著称,自不必说。道家和儒家亦然。道家老子希望"小国寡民","虽有甲兵,无所陈之。使民复结绳而用之"(《老子》第八十章)。这样的社会才是理想的社会。故在他的眼中,刀、兵不是什么好器物,无论是对内、对外都不可滥用。他说:"民不畏威,则大威至"(第七十一章);"民不畏死,奈何以死惧之?"(第七十四章)又说:"以道佐人主者,不以兵强天下,其事好还。师之所处,荆棘生焉;大军过后,必有凶年。"(第二十章)"夫佳兵者,不祥之器。物或恶之,故有道者不处。君子居则贵左,用兵则贵右。兵者,不祥之器,非君子之器。不得已而用之,恬淡为上,胜而不美。而美之者,是乐杀人。夫乐杀人者,则不可以得志于天下矣。吉事尚左,凶事尚右……战以丧礼

---

① 《左传·襄公二十七年》。

处之。"（第二十一章）庄子也持类似的观点。《庄子·天道》曰：

> 本在于上，末在于下；要在于主，详在于臣。三军五兵之运，德之末也；赏罚利害，五刑之辟，教之末也；礼法度数，形名比详，治之末也；钟鼓之音，羽旄之容，乐之末也；哭泣衰绖，隆杀之服，哀之末也。此五末者，须精神之运，心术之动，然后从之者也。

唐代成玄英疏曰，庄子此处之"五兵"，是指弓、殳、矛、戈、戟。这与我们前文所引郑玄《周礼注》之说稍有差异。而对于"五刑"，成疏则曰："五刑者，一劓，二墨，三刖，四宫，五大辟。"都与刀、斤、兵、戈有关。成氏又认为，庄子此处的观点是说，"道德淳朴，治之根本，行于上古；仁义浇薄，治之末叶，行于下代"；"圣明之世，则偃武修文，逮德下衰，则偃文修武"，而战国则"既亏理本，适为教末也"。[①] 故庄子也和老子一样，把理想的社会寄托于远古。他说："夫至德之世，同与禽兽居，族与万物并"；"夫赫胥氏之时，民居不知所为，行不知所之，含哺而熙，鼓腹而游，民能以此矣"（《庄子·马蹄》）。即是此意。

孔子是"信而好古"者，他做梦也想"从周"，因为周"郁郁乎文哉！"他首先提出应从文德（德政、仁政）与武功（武力、武备）的相互关系来看待刀、兵、干、戈。所谓"文德"，

---

① 《庄子集释》卷五，《新编诸子集成》（第一辑），中华书局1961年版，第468页。

就是文化和赏赐；所谓"武功"也就是刑罚和战争。《韩非子·二柄》有刑德"二柄"之说："杀戮之谓刑，庆赏之谓德。"这是很明确的解说。孔子主张"为政以德"。内政主要靠仁德、靠礼义："道之以政，齐之以刑，民免而无耻；道之以德，齐之以礼，有耻且格。"（《论语·为政》）外交则主要靠文德，靠感化："远人不服，则修文德以来之。"（同上，《季氏》）以至于他也很向往"无为而治"（如《论语·为政》："譬如北辰，居其所而众星供之。"），愿"铸剑戟以为农器"。《孔子家语·致思》曰：

> 孔子北游于农山，子路、子贡、颜渊侍侧。孔子四望，喟然而叹曰："于斯致思，无所不至矣。二三子各言尔志，吾将择焉。"子路进曰："由愿得白羽若月，赤羽若日，钟鼓之音，上震于天，旌旗缤纷，下蟠于地。由当一队而敌之，必攘地千里，搴旗执馘，唯由能之，使二三子从我焉。"夫子曰："勇哉！"子贡复进曰："赐愿使齐楚合战于漭瀁之野，两垒相望，尘埃相接，挺刃交兵。赐著缟衣白冠，陈说其间，推论利害，释二国之患，唯赐能之，使二三子从我焉。"夫子曰："辩哉！"颜回……对曰："回闻薰莸不同器而藏，尧桀不共国而治，以其类异也。回愿明王圣主辅相之，敷其五教，道之以礼乐，使民城郭不修，沟池不越，铸剑戟以为农器，放牛马于原薮，室家无离旷之思，千岁无战斗之患，则由无所施其勇，而赐无所施其辩矣。"夫子凛然曰："美哉德也！"（《说苑·指武》略同，《韩诗外传》卷七稍异）

尽管孔子的最高理想也可能如颜渊所说，化剑戟为农具，放马南山，但孔子毕竟是一位奉行"中庸"原则的圣人，所以他选择了在"文德"与"武功"之间的"折中"。即虽保留了刀斤剑戟，但却刑罚、征伐有度："天下有道，则礼乐征伐自天子出；天下无道，则礼乐征伐自诸侯出。"（《论语·季氏》）自"天子出"，则刑罚、征伐得中。得中，则即使如"管仲相桓公，霸诸侯，一匡天下"（同上《宪问》），也是值得称道的。

孔子之后，儒家孟子特别提倡仁政，反对以力服人，强调以德服人，比孔子具有更鲜明的反战色彩。他主张对内要以仁爱之心推己及人，刑错而不用；对外则"威天下不以兵革之利"（《孟子·公孙丑下》）。如果有人说："我善为陈，我善为战。"孟子认为此"大罪也"（同上《尽心下》）。《孟子·离娄上》曰："争地以战，杀人盈野；争城以战，杀人盈城。此所谓率土地而食人肉，罪不容于死。故善战者服上刑，连诸侯次之，辟草莱、任土地者次之。"

在孟子那里，如果说刑罚和杀戮还可保留一点的话，那也只是为了对付桀、纣那样的独夫民贼以及各种好战嗜杀者的。

荀子是战国百家争鸣的总结者之一，也是先秦儒家的代表人物。荀子推崇孔子，但与孔子以"仁"为中心的思想不同，他主张"隆礼重法"。《荀子》一书中有《议兵》一篇，直接表达了他对"兵"的态度。他说：

> 古之兵，戈、矛、弓、矢而已，然而敌国不待试而诎；城郭不辨，沟池不掘，固塞不树，机变不张，然国晏然不畏外而［固者］，明道而分钧之，时使而诚爱之，下之和上也

如影响，有不由令者，然后诛之以刑。故刑一人而天下服，罪不邮其上，知罪之在己也；是故刑罚省而威行如流，无他故焉，由其道故也。古者帝尧之治天下也，盖杀一人、刑二人而天下治。传曰："威厉而不试，刑措而不用。"此之谓也。

这与孔子先"文德"而后"武力"的观点十分相近，但似乎又有孙武"不战而屈人之兵"的意思。

其实，在战国这个"暴师经年，流血满野，父子不相亲，兄弟不相安，夫妇离散，莫保其命"的时代，不仅儒、道、墨这些"显学"流派具有"息兵""止戈"的主张，就连稷下学者宋钘（钘）、尹文①和名家的惠施、公孙龙等，也都有"偃兵""非攻"的举动。《庄子·天下篇》曰："（宋钘、尹文）见侮不辱，救民之斗，禁攻寝兵，救世之战。"《韩非子·内储篇上》云："惠施欲以齐、楚偃兵。"《吕氏春秋·审应》曰："越惠王谓公孙龙曰：'寡人事偃兵十余年而不成，兵不可偃乎？'公孙龙对曰：'偃兵之意，兼爱天下者也。'"又同书《应言》载："公孙龙说燕昭王以偃兵。"云云。即是其例。而由此又不难看出，当时"止战""偃兵"之呼声普遍且高矣。

（四）

当然，整个春秋战国时期最明确、最坚决地持罢"兵"和

---

① 案：对宋钘（钘）、尹文，有的学者将其归入墨家，有的学者将其归入名家，有的学者将其归入道家。此处归入道家。

"反战"之主张者，仍当首推墨家。墨子不仅以他"非攻""兼爱"的主张著名，而且他还是中国先秦时期的第一个、也是迄今所知的唯一一个对用"兵"攻伐的行为进行了系统反思的人。他认为，以兵甲攻伐他国之罪，首先是违反了"兼爱"的原则，属于"十重"不义的行为；其次，他认为对外用兵，"攻伐无罪之国，入其国家边境，芟刈其禾稼，斩其树木，堕（隳）其城郭，以湮其沟池，攘杀其牲牷，燔溃其祖庙，刭杀其万民，覆其老弱，迁其重器"，所造成的灾难是"不可胜数"的（《墨子·非攻中》）。墨家后学亦多从此方面立论，只是他们除了认为攻伐用"兵"会给他人带来灾难，给自己带来恶名之外，还认为攻伐会招致对方的报复。据《吕氏春秋·顺说》记载，有一位"非攻"主张的墨者田赞对荆王说："甲之事，兵之事也。刈人之颈，刳人之腹，隳人之城郭，刑人之父子也，其名又甚不荣。意者以为其实邪？苟虑害人，人亦虑害之；苟虑危人，人亦必虑危之。"所持就是这一观点。

而根据史料记载和出土文献来看，春秋战国时期的儒、道、法、名、兵、农等各家学说都曾在楚国流传①，而墨家学说亦盛行于楚国。据《墨子》一书记载，墨翟本人曾两次游楚：一次入郢，止楚惠王攻宋（《墨子·公输》）；另一次到鲁阳，止鲁阳文君攻郑。（《墨子·鲁问》）墨子的弟子耕柱子、孟胜、徐弱及"南方之墨者苦获、己齿、邓陵子之属"，都属楚地墨者，并在楚国宣传其"非攻"学说。根据《墨子》一书的记载，墨子学说曾得到楚惠王的认可和赞赏。《墨子·公输》篇即载有楚王被墨

---

① 参见高华平《屈原的"美政"思想与诸国的诸子学》，《江汉论坛》2010 年第 2 期。

子说服，放弃以公输班所造云梯攻宋的计划；《墨子·贵义》篇
又说"子墨子南游于楚"，献书惠王，"王爱而读之"，称其为
"良书也"，并"以社书之地五里封之"；楚王大臣穆贺闻墨子学
说亦"大悦"；而楚之鲁阳文君则完全接受了墨子的思想，用墨
子弟子孟胜、徐弱等治邦，而墨子弟子孟胜、徐弱等一百八十人
最终亦皆为鲁阳文君"死难"。《韩非子·显学》篇说："自墨子
之死"，"墨离为三"："有相里氏之墨，有相夫氏之墨，有邓陵
氏之墨。"一般认为"相里氏之墨"，即《庄子·天下》篇所谓
"相里勤之徒"。《庄子·天下》篇说："相里勤之弟子五侯之徒，
南方之墨者苦获、己齿、邓陵子之属，俱诵《墨经》，而倍谲不
同，相为别墨。"相里勤为墨子弟子，南方之墨者苦获、己齿、
邓陵子之属，与"相里勤之弟子五侯之徒"相为别墨，则他们于
墨子已属再传弟子，为楚国墨学的第三代传人。由此我们又不难
看出墨家在楚国影响的深远和传播的广泛。

当然，这还不包括那些不属楚籍的墨者，他们也曾在楚地传
播墨学。如《汉书·艺文志》中著有《胡非子》一书的胡非子
其人，就曾说楚人屈将子以"非斗"，并最终使屈将子"解长
剑，释危冠而请为弟子焉"（《艺文类聚》四三七引）。先后游说
楚王的齐人田鸠、田赞等，亦是其例。

另外，从《墨子》书本身来看，其中的一些语言文字的使用
也带有楚国的地方特色，说明该书有些部分或有可能出自楚人。
《墨子·非攻上》"道路辽远，粮食不继傺"，毕沅注引王逸《楚
辞章句》曰："傺，住也。楚人谓住曰傺。"

扬雄《方言》卷七曰："傺，逗也。南楚谓之傺。"（郭

璞注："逗，即今住字也。"）

《墨子·备城门》"楺、赵、掾、榆、可"，孙诒让注曰：
"《方言》（卷五）曰：

'杠，南楚之间谓之赵。'郭璞注云：'赵'当作'桃'，
声之转也。"

或许有人会说，墨子为鲁人[①]，"三墨"学说中虽有"南方
之墨者"一系，但《备城门》以下二十篇向传为"秦墨"之作，
何以说其中有楚语存焉呢？我以为，这是因为战国时期的楚国，
不仅是墨学传播的最重要的地区之一，而且还是墨学由东部向
"关中"等西部输送的重要通道。墨子在世之时，他本人北方最
远曾到达卫国（《墨子·贵义》），但却多次游楚；其弟子胡非
子、田鸠等人，亦由齐鲁游楚，并转而游秦。而"秦墨"之人，
实多由楚国转道而来。《吕氏春秋·首时》篇载："墨者田鸠欲
见秦惠王，留秦三年而弗得见。客有言之于楚王者，往见楚王。
楚王说之，与将军之节以如秦，至，因见惠王。告人曰：'之秦
之道，乃之楚乎？'"

《艺文类聚》卷六八引《墨子》亦有此段文字，"之秦之道，
乃之楚乎"作"吾不识秦之道，乃当由楚也"。可见，当时"秦
墨"的输入，既不直接始于齐鲁，亦非间由三晋，而是经由南方
的楚国。故可以说，"秦墨"在一定程度上乃带有南方墨学的特

---

① 案：关于墨子籍贯，学术界向有鲁人、宋人、楚人等多说，本文取鲁人说。

点，即使《墨子》书中出自"秦墨"之手的《备城门》等篇，
其中也可能残存有一些楚字楚语。而由此我们又不难推见，楚简
文字中那些从"刀""斤""戈"之字的特殊写法，与《墨子》
书中因其"兼爱""非攻"思想主张而改"義"为"羛"、假
"僇"为"戮"、假"術"为"殺"（或以"古文"敓代之）一
样，更多地应当是受到了墨家思想影响的结果。再说，从新出楚
简文献（主要是郭店楚简和上博简）来看，其中还有被认为是墨
家学派的著作，如上博简中的《容成氏》《鬼神之明》等篇。这
也说明，楚简文字中从"刀""斤""戈"等字的特殊写法，可
能是受到了墨家做法的影响。

附　　录

先秦名家及楚国的名辩思潮考

  "名家"这个名称，是西汉初年由司马谈在《论六家之要指》中首先提出来的，先秦著作中则被称为"辩者"。名家学派的代表人物，《庄子·天下篇》举桓团、公孙龙为例，《荀子》中的《非十二子》和《不苟》等篇则以惠施、邓析并列，而南北朝时的《刘子·九流篇》又以"宋钘、尹文、惠施、公孙龙、捷子之类"为代表①，诸书不尽相同。而近代以来学者的研究，更存在一些互相矛盾的现象：一方面，一些研究者因袭古人的说法，将邓析、惠施、宋钘、尹文、桓团、公孙龙尽入名家之列；另一方面，则或将宋钘、尹文归入稷下道家，或将宋钘、尹文归入墨家；或将惠施和庄子并列于道家，或又称惠施为法家。前代学术界对名家的源流和学派归属之所以存在诸多歧义，这既反映了名家问题的复杂性，也说明尽管历来学者对名家都不乏研究，但对名家学派的源流、基本特点和发展演变的情况，却似还缺少更深入和准确的把握。特别是近代如吕思勉、钱穆等一些学者，他们因为惠施、公孙龙皆有"偃兵"之举，而《庄子·天下篇》

---

  ① 案：《刘子·九流》原文为："名者，宋钘、尹文、惠施、公孙捷之类也。"孙诒让《札迻》以为"公孙捷"当为"公孙龙、捷子"之误。此采其说。

中的南方之墨者亦"以坚白、同异之辩相訾，以觭偶不仵之辞相应"，故而认为名家出于墨家；甚或如胡适等人进而否认名家的存在，认为先秦只有名学而无名家，等等。

那么，名家到底是一个怎样的学派呢？它的思想特点和发展演变的历程，以及它和其他诸子学派的关系又如何呢？《庄子·天下篇》中的"南方之墨者"是否也属于名家？是否可以说名家是出于墨家呢？所有这些，都是迄今研究先秦名家学派时尚未得到根本解决的问题。有鉴于此，本章希望能通过对先秦名家发展的历史考察，揭示出名家的思想特点及其与其他诸子学派的联系，并通过梳理名家学说在楚国传播的历史轨迹，以说明名家与墨学、特别是与"南方之墨者"的关系。

（一）名家的名称及其思想特点

名家虽然是先秦诸子中的重要派别，但名家这一名称却是汉初司马谈在《论六家之要指》一文中首先提出来的：

> 名家使人俭而善失真；然其正名实，不可不察也。(《索隐》："案：名家流出礼官。古者名位不同，礼亦异数，孔子曰：'必也正名乎。'案：名家知礼亦异数，是俭也；受命不受辞，或失其真。")

他又说：

> 名家苛察缴绕，使人不得反其意，专决于名而失人情，

故曰"使人俭而善失真"。若夫控名责实，参伍不失，此不可不察也。(《集解》："服虔曰：'引名责实，参错交互，明知事情。'")

司马谈显然并未对"名家"这一名称作出明确的界定，但他还是对名家的思想特点作出了自己的说明。他认为名家思想可以归纳为正负两面：从正面来讲，名家思想的特点就是"正名实"，或此处所谓"控名责实，参伍不失"；从负面来讲，则是上文所谓"名家使人俭而善失真也"，或此处所说的"苛察缴绕，使人不得反其意，专决于名而失人情。"

名家思想的正面特点"正名实"或"控名责实，参伍不失"，还是比较容易理解的，这就是要求人们的认识活动要做到概念与事物的相符，即要做到名副其实。但司马谈所说的名家负面的思想特点："使人俭而善失真也"，则似乎不大容易理解。因为道家的老子和墨家的墨翟也都倡导"俭"。《老子》说："我有三宝，持而保之：一曰慈，二曰俭，三曰不敢为天下先。"(第六十章) 又说："治人事天莫若啬。"(第六十七章)《论六家之要指》又说："墨者俭而难遵。"王弼注《道德经》说：老子的"俭"是指"节俭爱费"，即不奢侈、养生不浪费，保啬而爱精。墨子则倡"节用""节葬"。可见道、墨的"俭"都是"节俭"。但名家不闻有"节俭"之说，那司马谈为什么说"名家使人俭而失真"呢？

可能司马谈也觉得这种说法使人有些费解，所以他又说："名家苛察缴绕，使人不得反其意，专决于名而失人情，故曰'使人俭而善失真。'"即是说，名家过于纠缠于"名"，只精严于事物的概念而忽视了事物之"实"。因为只"苛察"事物的"名"，于事物之实而言就会有所忽视，这就是"俭"，也可以说是"失其情""失其真"。

尽管司马谈对名家的思想行为并不完全满意，但他认为名家的思想特点是十分明确的，那就是名家"苛察于名"或"专决于名"。此后自刘向、刘歆，到东汉的班固，基本都是沿袭着司马谈的观点。《汉书·艺文志》曰：

> 名家者流，盖出于礼官。古者名位不同，礼亦异数。孔子曰："必也正名乎！名不正则言不顺，言不顺则事不成。"此其所长也。及警者为之，则苟鉤鈲析乱而已。

班固在此所谓"名家者流，盖出于礼官"，是他的"诸子出于王官"说的具体化；而"古者名位不同，礼亦异数"，则可以说是对名家出于礼官说的一种解释。在他看来，之所以说"名家者流，盖出于礼官"，就在于名家所谓"名"之不同乃体现在"礼"上，或者说"礼"的"异数"原是为了显示"名"的不同。而他引孔子之言，则似乎是在为司马谈"正名实"之说及其正确性寻找根据；而"及警者为之，则苟鉤鈲析乱而已"云云，殆同于司马谈"使人俭而善失真"或"苛察缴绕，使人不得反其意"。故司马贞《史记索隐》注司马谈论名家之辞时说："名家出礼官。古者名位不同，礼亦异数。孔子曰：'必也正名乎。'"又说："名家知礼亦异数，是俭也；受命不受辞，或失其真也。"明显具有综合《史》《汉》二家之说的倾向，认为司马谈、班固的语义可以互释。

但作为先秦诸子中的一个流派，名家与儒、道、墨等"显学"并不完全相同，即它由谁创始、主要有哪些重要成员和怎样的发展阶段，这些都不是十分清楚。故近代以来学者们讨论名家是一个怎样的学派、其本质特征怎样等问题时，就往往分歧较大，而如胡适、谭戒甫等一些学者甚至认为先秦并没有什么名家。我们认为，根据现有文献的记载来看，先秦的学术思想界有过"名家"这样一个流派，这是毋庸置疑的。只是由于两个原因，使后来的学者对名家学派的性质及其存在的真实性产生了疑问：一是自西汉司马谈以来的学者或多或少受儒家思想的影响，把名家的本质特征偏向于"正名"或"正名责实"这一点上，而把"苛察缴绕"或"专决于名"，当成了名家的末流或"警者"之所为；论者没有注意到在先秦诸子中，名家和法家、纵横家一样都是形成较晚的学派，其真正的兴盛时期主要在战国中后期这一历史阶段；故真正的代表人物应是倪（兒）说、田巴、桓团、公孙龙等人，其他人物多不是纯粹的名家，不能因为有某些并不纯粹的"名家者流"的存在，我们就可以否认名家的独立性，更不能说先秦没有什么名家。

如果抛开所谓"所长""所短"或偏正之说，名家作为一个先秦诸子流派的根本特征，应正在"苛察缴绕"或"专决于名"上，而且"苛察缴绕"或"专决于名"，与所谓"正名""循名责实"，至少在逻辑形式上是完全一致的，即它们都强调以名学或逻辑学的方法来观察和处理事物。《荀子·非十二子》称之为"治怪说，玩琦辞"，即是说"名家是这样一个学派，他们很精察，一些平常人注意不到的事，他们都注意到了……'苛察'而不能如实，则缭绕繁琐徒乱人意"；他们所讲的虽"还不是逻辑

131

本身"，但已"是名学的初步或预备"。

　　因此，我们似乎可以说，名家就是一个中国先秦时期专门辨析"名学"的学术流派，名家的根本特征就在于他们"专决于名"或"苛察缴绕"，而不论"事实"，故"善失真"或"失人情"。因为如果他们同时关注于事实的"名"和"实"而"正名实"，那就和要求"正名"的儒家混同了；而如果他们过于强调处理事情"控名责实，参伍不失"，则又和法家及道家的刑名学没有什么区别了。但真正的名家既不属于儒、墨，也不属于道家、法家或纵横家、阴阳家等，他们只属于名家。从身份上说，"名家人物大体是战国四大公子所养的士，即所谓的清客"①；而如果从其学术内容上讲，则他们不像其他诸子学派过多地从现实政治来考量事物，而只是从形式逻辑（名学）上分析，故当时称之为"辩者"。只要看看《庄子·天下篇》中把桓团、公孙龙称为"辩者之徒"，以与惠施相对应，就可以知道可称为名家的"辩者"是桓团、公孙龙之徒，而惠施之"辩"虽亦有盛名于当时，却是不在"辩者"之列的。《庄子·天下篇》曰：

　　　　惠施以此为大，观于天下而晓辩者，天下之辩者相与乐之。……辩者以此与惠施相应，终身无穷。

　　　　桓团、公孙龙之徒，饰人之心，易人之意，能胜人之口，不能服人之心，辩者之围也。惠施日以知其与人之辩，特与天下之辩者为怪，此其抵也。

---

　　①　以上见牟宗三《中国哲学十九讲》，上海古籍出版社 1997 年版，第 191、205 页。

故不论惠施"历物十事"与"辩者"之同异如何，现代学者或将惠施视为"黄老学派的一人"①，或以为其与法家关系密切而论其法家思想②，至少并未将他归入纯粹的"辩者"之列。结合现有的先秦文献的记载来看，我认为，名家应该是一个源于春秋末年邓析之法律辩讼和孔子的"正名"思想，由春秋战国时期名辩学说的长期积累而最终形成于战国中后期的一个诸子学派。它的主要代表人物应该是兒说、田巴、桓团、公孙龙等人。这些人只是"辩者"，因为他们"除长于辩说外，别无特出之学说"③；而《汉书·艺文志》中著录其书的邓析、惠施、宋钘、尹文等人，则不在其列。

（二）兒说、田巴、桓团、公孙龙及名家的发展历程

从以上的分析来看，先秦名家大致经过了春秋末到战国早期的孕育发生期，战国中期的形成期和战国后期的演变期等三个发展阶段。在春秋末期名家的孕育发生期，道家老子的"道可道，非常（恒）道；名可名，非常（恒）名"；儒家孔子的"必也正名乎"的主张，和邓析等人的"好刑名，设无穷之词，操两可之说"的法律辩讼，都是名家发生的重要源头。但由于老子为道家之祖，孔子为儒家之祖，邓析就被当成了名家之始了。《荀子·

① 郭沫若：《十批判书》，人民出版社1954年版，第233页。
② 冯友兰：《中国哲学史新编》（第二册），人民出版社2001年版，第145—146页。
③ 蒋伯潜：《诸子通考》，岳麓书社2010年版，第14页。

非十二子》将邓析与惠施并列，视为名辩的代表；《汉志》著录名家著作也首列"《邓析》二篇"，都把邓析当作"一位名家学派的先驱人物"。①

邓析其人，《汉书·艺文志》"《邓析》二篇"下班固自注："郑人，与子产并时。"《吕氏春秋·离谓》说："子产治郑，邓析务难之。"但《左传·定公九年》云："郑驷歂杀邓析而用其竹刑，君子谓子然于是乎不忠。"有学者因此谓"子然"为驷歂之字，《吕氏春秋》之"子产皆当作子然"；"则邓析、子产并不同时"。②从《吕氏春秋》的记载来看，邓析的活动主要是"好刑名"，"设无穷之词，操两可之说"，治狱讼，"从之学讼者，不可胜数"；从思维方式来看，"显然是一种带有相对主义诡辩论倾向的观点"，"开了战国中期蓬勃兴起的名家思维方式的先河"。③但现存《邓析》二篇竟"误以'无厚'为无恩泽也"，"伪迹固显然易见也"。④荀子将邓析列于惠施之后，似乎他对邓析其人及其学派的真实性也是有所保留的。⑤

《荀子·非十二子》在讲"非"辩者时，把在邓析其人之外，当作名家学派形成标志和代表人物提出的是惠施。惠施，约生于公元前370年，卒于公元前318年。惠施一生主要生活于魏国。《庄子·天下篇》记载了惠施"历物十事"，《汉书·艺文志》也著录《惠子》一篇于"名家"，历代学者也因此视惠施为

---

① 许抗生：《先秦名家研究》，湖南人民出版社1986年版，第9页。
② 陈奇猷：《吕氏春秋校释》（下），学林出版社1995年版，第1183—1184页。
③ 许抗生：《先秦名家研究》，湖南人民出版社1986年版，第9页。
④ 蒋伯潜：《诸子通考》，岳麓书社2010年版，第372页；张舜徽：《汉书艺文志通释》，华中师范大学出版社2004年版，第314页。
⑤ 案：蒋伯潜等认为《汉志》之《邓析》所言乃"战国中世以后所有，而邓析为春秋时人"。故战国后期多辩者伪托邓析之言，而荀子亦不能辨。

名家中人。但惠施曾担任魏相多年，他与一般"辩者"的所谓"清客"身份是完全不同的。他虽然以其"在当时的政治地位及其'治农夫者'的有闲情趣，再附以善辩的技能与好辩的习惯"，被后人目为名家的开创者，但他"是当时最活跃的政治活动人物"①，实际不是名家那样的职业的"清谈家"。同时，《庄子·天下篇》曾说："惠施多方，其书五车，其道舛驳，其言也不中。"成玄英疏："舛，差殊也；驳，杂糅也。既多方术，书有五车，道理殊杂而不纯，言辞虽辩而无当也。"故《庄子·天下篇》不以惠施为"辩者之徒"，而近人虽多将惠施列入名家，却或以惠施学说与庄子最相近②，或以为"惠施在政治方面的措施和思想与法家是一类的"③。这就说明，惠施本是一位不守一家的学者，他的学术是非常驳杂的，不应简单地归入名家，更不是所谓名家的"创始人"④。

又，南北朝时，刘昼的《刘子·九流篇》曰：

> 名（家）者，宋钘、尹文、惠施、公孙龙、捷子之类也。⑤

宋钘、尹文其人，俱稷下学者。《荀子·非十二子》将宋钘与墨翟并列，杨倞注云："宋钘，宋人，与孟子、尹文子、彭蒙、慎到同时。《孟子》作宋轻。"《庄子·天下篇》置宋钘、尹文之

---

① 侯外庐等：《中国思想通史》第一卷，人民出版社1957年版，第474、422页。
② 吕思勉：《先秦学术概论》，岳麓书社2010年版，第93页。
③ 冯友兰：《中国哲学史新编》（上），人民出版社2001年版，第330页。
④ 王左立：《先秦名家辨析》一文也取此看法。《河南社会科学》2004年第5期。
⑤ 案："公孙龙、捷子"原作"公孙捷"，此据孙诒让说改，详见下文。

学紧接墨翟、禽滑釐之后，而托名陶潜的《群辅录》则有"宋
钘、尹文之墨"。郭沫若、蒙文通以宋钘、尹文为稷下道家或
"北方道家杨朱学派"的代表人物。我在《"三墨"学说与楚国
墨学》一文中认为："宋钘、尹文学说，在稷下儒、道、阴阳诸
家最为兴旺的局面下，更多显示出墨家特色，……把他们视为
'宋钘、尹文之墨'，这无疑是很有道理的；《汉志》有'《尹文
子》一篇'"，归之名家，但实际上，"宋钘、尹文之学既有道
家、名家特色，又有墨家、法家的成分"。① 因此，宋钘、尹文只
可以说是一个名、墨、道、法思想兼容并包的稷下学者，而不应
简单地把他们定为名家的代表。

　　根据我的研究，先秦名家的真正代表，应该是我们在上文所
提到的那些真正以清谈为职业的"清客"，当时称为"辩者"的
那些人。主要有兒说、田巴、桓团、公孙龙等人。兒说、田巴主
要活动于稷下学宫，桓团、公孙龙则游说诸侯。《韩非子·外储
说左上》说：

　　　　兒说，宋人，善辩者也。持白马非马也，服稷下之辩
　　者，乘白马而过关，则顾白马之赋。

　　兒说，《韩非子》此处说他是宋人；《淮南子·人间训》高
诱注则说他是"宋大夫"，但不知何据。钱穆认为《吕氏春秋·
君守篇》中兒说弟子解闭的宋元王为宋王偃"所置太子为王
者"，"则兒说亦与（宋）元王同时"；"兒说年辈，盖在（惠）

---

　　① 　高华平：《"三墨"学说与楚国墨学》，《文史哲》2013 年第 5 期。

施、（公孙）龙两人间"。钱氏又认为："惠施卒年，殆在魏襄王
五年使赵后，魏襄王九年田需卒前"，"其生当在（周）烈王之
世"。① 案：周烈王公元前 375 年至公元前 369 年在位，魏襄王五
年当公元前 314 年，魏襄王九年当公元前 310 年，故今人多将惠
施的生卒年定为约公元前 370 年至公元前 318 年之间，而推定兒
说生卒年约为公元前 375—前 300 年。而郭沫若则进一步认为兒
说与《战国策·齐策》《吕氏春秋·知士》中的貌辩、昆辩应为
同一人，兒说弟子为宋元王解闭，"既当于齐宣湣之时，则兒说
必当于齐威宣之世"。② 但郭氏这是就其活动年代而言的，并非
兒说的生卒年。因为兒说的生活年代要早于公孙龙，故以钱穆、
郭沫若为代表的现代学者皆认为公孙龙所持"白马非马"这一名
家学说中的重要命题，其发明权应该归于兒说。兒说以其"白马
非马论"这一命题在稷下学宫中展开辩论，说服了稷下学者，取
得了巨大的成功。

兒说除持"白马非马论"之外，另外可能还持有"非六王、
罪五伯（霸）"的论点。《吕氏春秋·当务》载：

> 备（備）说非六王、五伯，以为"尧有不慈之名，舜有
> 不孝之行，禹有淫湎之意，汤武有放杀之事，五伯有暴乱之
> 谋。世皆誉之，惑矣。"故死而操金椎以葬，曰"下见六王、
> 五伯，将榖其头"矣。辩（辩）若此不如无辩（辩）。

---

① 钱穆：《先秦诸子系年》，商务印书馆 2001 年版，第 467、465、441 页。案：亦
有学者以宋元王即宋王偃，又认为"兒说的弟子当（齐）闵王之时，兒说则当（齐）宣
王之时，早于公孙龙"。见白奚《稷下学研究——中国古代的思想自由与百家争鸣》，生
活·读书·新知三联书店 1998 年版，第 90 页 [注]。
② 郭沫若：《十批判书》，人民出版社 1954 年版，第 225 页。

对《吕氏春秋·当务》篇"备（備）说非六王、五伯"中的"备（備）说"一词，近人高亨认为："'备（備）说'当为人名，疑'備'当作'倪'，形近而误。'倪说'即'兒说'。《韩非子·外储说左上》：'兒说，宋人善辩者也，持白马非马也，服稷下之辩者，乘白马而过关，则顾白马之赋。'据此，倪说乃战国时之善辩者，其非六王、五伯宜矣。《举难篇》'人伤尧以不慈之名，舜以卑父之号，禹以贪位之意，汤、武以放弑之谋，五伯以侵夺之事'，文与此略同，殆亦倪说之议也。又《文选》曹子建《与杨德祖书》李注引《鲁连子》曰：'齐之辩者田邑（巴），辩于狙丘而议于稷下，毁五帝、罪三王，訾五霸，一日而服千人。'倪说殆即田邑（巴）之流也。《庄子·盗跖篇》亦载盗跖非尧、舜、禹、汤、文、武之言，与此文不尽同，知此文非据《庄子》也。"①

高氏以兒说在稷下有"非六王、罪五伯"之议，应该是可信的。《孟子·梁惠王下》载："齐宣王问曰：'汤放桀，武王伐纣，有诸？'孟子对曰：'于传有之。'曰：'臣弑其君，可乎？'曰：'贼仁谓之贼，贼义谓之残，残贼之人谓之一夫。闻诛一夫纣矣，未闻弑君也。'"同书《万章上》载："咸丘蒙问曰：'语云："盛德之士，君不得而臣，父不得而子。"'舜南面而立，尧帅诸侯北面而朝之，瞽瞍亦北面而朝之……不识此语诚然乎哉？"《庄子·盗跖》亦曰："世之所高，莫若黄帝，黄帝尚不能全德，而战于涿鹿之野，流血百里。尧不慈，舜不孝，禹偏枯，汤放其

---

① 陈奇猷：《吕氏春秋校释》（上），学林出版社1995年版，第599页。

主，武王伐纣，文王拘羑里。此六子者，世之所高也，孰论之，皆以利惑其真而强反其情性，其行乃甚可羞也。"《荀子·正论》亦有所谓"世俗之为说者曰：'桀、纣有天下，汤、武夺之'"云云。由此可见兒说的辩说在稷下学界的流行。而《韩非子·说疑》等所谓"舜逼尧，禹逼舜，汤放桀，武王伐纣。此四王者，人臣弑其君者也……察四王之情，贪得之意也；度其行也，暴乱之兵也"，云云。则应该是兒说弟子之类所持兒说学说的余脉。

从上文可以看出，和兒说一样在稷下"非六王、罪五伯"的辩者还有田巴（邑）。

田巴其人其事，正史皆不见记载，唯儒家书《鲁连子》及之。《史记·鲁仲连列传》张守节《正义》、马总《意林》，《文选》曹子建《与杨德祖书》、《荀子·彊国篇》杨倞注及《太平御览》（卷三百八十五、四百六十四、九百二十七）诸书均引及《鲁连子》，其辞曰：

> 齐之辩士田巴，辩于徂丘，议于稷下，毁五帝，罪三王，訾五伯，离坚白，合同异，一日而服千人。有徐劫者，其弟子曰鲁仲连，谓徐劫曰："臣愿得当田子，使之必不复谈，可乎？"徐劫言之巴曰："劫弟子年十二耳，然千里之驹也，愿得待议于前，可乎？"田巴曰："可。"鲁连得见，曰："臣闻堂上之粪不除，郊草不芸；白刃交前，不救流矢。何者？急不暇缓也。今楚军南阳，赵伐高唐，燕人十万之众。在聊城而不去，国亡在旦暮耳。先生将奈何？"田巴曰："无奈何。"鲁连曰："夫危不能为安，亡不能为存，则无为贵学士矣。今臣将罢南阳之师，还高唐之兵，却聊城之众，

所为贵谈者，其若此也。先生之言，有似枭鸣，出声而人皆
恶之，愿先生勿复谈也。"田巴曰："谨受教。"明日复见徐
劫曰："先生之驹，乃飞兔、腰袅也。岂特千里哉！"于是杜
口，终身不复谈。①

　　《鲁连子》所记"楚军南阳"（《史记·鲁仲连列传》司马贞
《索隐》："即齐之淮北、泗上之地也。"），"赵伐高唐，燕十万之
众在聊城而不去"之事，当即《史记·鲁仲连列传》所载鲁仲
连遗书聊城燕将之事。杨宽《战国史》以此为"公元前二五〇
（年）事"②，当齐王建十五年。《史记·鲁仲连列传》记此事发
生于鲁仲连解邯郸之围"其后二十余年"，而《史记集解》引徐
广说则认为"在田单攻聊城在长平后十余年也"。③钱穆云：《鲁
连传》此文为不可信，"疑史公此文或亦采自《鲁连子》十四篇
中，正与年十二弹田巴先生同例耳"。实则鲁连"游赵说勿帝秦，
至迟不出五十岁，说燕将聊城在六十（岁）左右"。④因此，鲁
仲连的生卒年约在公元前 305—公元前 245 年之间。

　　我认为，《鲁连子》中鲁连仲"年十二"弹田巴，虽属夸
饰，但师徐劫及难田巴则或实有其事矣。有学者将田巴的生卒年
推定为约公元前 340—公元前 260 年之间。⑤但由于鲁仲连难田巴
之事发生于公元前 250 年，故对其卒年的推定应太早。实际其卒

　　① 严可均辑：《全上古三代文》，《全上古三代秦汉三国六朝文》（1），中华书局
1958 年版，第 64 页。
　　② 杨宽：《战国史》，上海人民出版社 2008 年版，第 424 页。
　　③ 《史记》（八），中华书局 1959 年点校本，第 2465 页。
　　④ 钱穆：《先秦诸子系年》，商务印书馆 2001 年版，第 547、697 页。
　　⑤ 白奚：《稷下学研究——中国古代的思想自由与百家争鸣》，生活·读书·新知
三联书店 1998 年版，第 304 页。

年不会早于公元前 250 年，或可由公元前 260 年后推二十年，定其生卒年于公元前 320—公元前 240 年之间，这样也就正好与鲁仲连师辈相当。而如果由上文我们所说的兒说约生于公元前 375 年卒于公元前 300 年来看，则田巴很可能是兒说的弟子，他们在稷下传承着"非六王、罪五伯"的名家学说。

与田巴生活年代相近的则是桓团、公孙龙等"辩者"。

桓团，其人其事仅见《庄子·天下篇》"桓团、公孙龙辩者之徒"云云，成玄英疏："姓桓，名团，……赵人"，"辩士也，客游于平原君之家"。《列子·仲尼篇》云："公孙龙之为人也……欲惑之心，屈人之口，与韩檀等肄之。"唐人卢重玄《解》曰："韩檀，《庄子》云桓团，俱为人名，声相近也。"后人因此皆谓韩檀即是桓团。然关于桓团的事迹，亦仅此而已，后世流传的名家事迹更多的乃是关于公孙龙的。

公孙龙，姓公孙，名龙，赵国人，其生卒年，钱穆系于公元前 320—公元前 250 年之间，与我们推定的田巴的生卒年代大略相一致。关于公孙龙的生平事迹，谭戒甫于《公孙龙子形名发微》中的《传略》叙述已堪称完备，读者可参。[①] 关于公孙龙之学说，以往的学者差不多都把研究的重点放在结合现存《公孙龙子》一书上，以讨论《庄子·天下篇》中所载惠施与属于"辩者"的桓团、公孙龙之徒"相乐"的二十一事，如卵有毛、鸡三足、白狗黑、飞鸟之影未尝动，等等。[②] 即使有学者注意到公孙龙思想的丰富性，力求全面认识公孙龙之学说，也只是取《庄

---

① 谭戒甫：《公孙龙子形名发微》，中华书局 1963 年版，第 1—6 页。
② 案：此类讨论自胡适著《先秦名学史》以来，近代诸种哲学史著作多有论述，在此不一一列举。参见胡适《先秦名学史》，学林出版社 1983 年版，第 102—112 页。

子·秋水》公孙龙答魏牟问时所谓："龙少学先王之道，长而明仁义之行"云云，因谓公孙龙"和宋钘的态度比较接近"，"应该也是属于道家的"①；或以《吕氏春秋》公孙龙子说赵惠文王偃兵和说燕昭王偃兵，以为正合墨家兼爱、非攻之旨，说明"名家纵不即出于墨，而名墨之学，关系极密，则无可疑矣"②。

　　我认为，正如《淮南子·氾论训》论先秦诸子所云："百家殊业，而皆务于治。"即使是"专决于名而失人情"的公孙龙之学，亦当如刘向所谓："论坚白同异，以为可以治天下。"（《汉书·艺文志》颜师古注引）故作为名家学者而其言行中涉及仁义之论、偃兵之说，也是不难理解的。值得注意的只是，公孙龙之徒之所以属于名家、属于职业的"辩者"，他们与其他学派（如墨家、道家、乃至如惠施之类）长于名辩的政治家的区别，并不在于二者之间的论题是否一致，而在于即使是面对同样的事情、同样的论题，名家与其他学派的着眼点和思维方式也是并不相同的。他们完全是从名实关系出发来"苛察缴绕"的，而其他诸子学派则主要着眼于现实的利益或政治关系。《吕氏春秋·审应》载：

　　　　赵惠王谓公孙龙曰："寡人事偃兵十余年而不成，兵不可偃乎？"公孙龙对曰："偃兵之意，兼爱天下之心也，不可以虚名为也，必有其实。今蔺、离石入秦，而王缟素布总；东攻齐得城，而王加膳置酒。秦得地而王布总，齐亡地而王加膳，所非兼爱之心也。此偃兵之所以不成也。"

---

① 郭沫若：《名辩思潮的批判》，《十批判书》，人民出版社1954年版，第241页。
② 吕思勉：《先秦学术概论》，岳麓书社2010年版，第93—94页。

同书《应言》载：

> 公孙龙说燕昭王以偃兵。昭王曰："甚善。寡人愿与客计之。"公孙龙曰："窃意大王之弗为也。"王曰："何故？"公孙龙曰："日者大王破齐，诸天下之士，其欲破齐者，大王尽养之；知齐之险阻要塞君臣之际者，大王尽养之；虽知而弗欲破者，大王犹若弗养；其卒果破齐以为功。今大王曰'我甚取偃兵。'诸侯之士，在大王之本朝者，尽善用兵者也，臣是以知大王之弗为也。"王无以应。

据钱穆考证，公孙龙说燕昭王偃兵，当在燕昭王二十八年（公元前 284 年）以后（即五国合纵攻齐，乐毅攻入齐都临淄之后），公孙龙对赵惠文王言偃兵，"乃在惠文二十年后审矣"（当公元前 279 年以后——引者注）。钱穆此处的考证是可信的。但钱氏认为："（公孙）龙，盖亦治墨学之遗绪。"[1] 这却是大可商榷的。因为这里钱氏看到的，实际只是公孙龙和墨者都以"兼爱天下之心"而要求偃兵的表象，而如果我们以《墨子》中的《兼爱》《非攻》之篇与《吕氏春秋》所记公孙龙偃兵之说相比较，就可以看出二者的根本差异，盖墨家之"非攻"着眼于攻伐之"不义"——破坏社会生产、杀虐万民、倾覆社稷、绝人子嗣、灭鬼神之主，等等。而公孙龙则完全从名实关系出发，认为燕昭王、赵惠文王乃口头上"偃兵"，而实则为好战分子——其

---

① 钱穆：《先秦诸子系年》，商务印书馆 2001 年版，第 502—505 页。

所谓"偃兵"完全是名不副实的。

同样，我们上文所说儿说、田巴等的"非六王、罪五伯"之说，同样也应该从此角度来理解。儿说、田巴也并非（至少主要不是）站在道德的立场上指责六王、五伯的不忠不孝，而实际只是从名实关系入手指出了其中的矛盾——尧作为父亲杀死了其子丹朱、舜作为儿子而流放其父瞽叟、商汤和周武王作为人臣诛杀了夏桀与商纣——如果从父亲、儿子、君臣的名分来考察，这些行为都是与名分相违的。因为正如汉儒所说："冠虽敝必加于首，履虽新必贯于足。"① 君臣、父子的名分和行为是圣人们经典的礼制所规定好了的，为"上下之分也"，怎么能随便违反呢？

根据《史记·平原君列传》裴骃《集解》引刘向《别录》，公孙龙还有门徒綦母子之属，亦"论白马非马"；《汉书·艺文志》在"《公孙龙子》十四篇"之后，还有"《毛公》九篇"（原注："赵人，与公孙龙等并游平原君赵胜家"。），则可知当时名家学说之盛矣。

（三）楚国的名辩思潮

从上面的论述来看，虽然先秦的名家学说在战国中期曾盛极一时，但名家中的那些代表人物都并不是楚国人，其学术活动的主要范围也不在楚国（儿说宋人，田巴齐人，桓团、公孙龙皆赵人，前二人议于稷下，后二人为平原君"清客"）。而且，在历年出土的楚简文献中，儒、道、墨、纵横各家的作品都有发现，

---

① 《汉书·儒林（辕固）传》，《汉书》（一一），中华书局1962年版（点校本），第3612页。

唯独不见名家文献。① 那么，名家学说是否也曾流传到楚国，或者说名家学说与楚国的关系又如何呢？

我们认为，兒说、田巴、桓团、公孙龙等名家人物的确没有到过楚国的文献记载，而出土文献中也的确未见到名家著作，但这些都并不代表名家学说没有传入楚地，也不代表当时的楚国学者中无人接受和研讨名家学说。因为虽然名家研究学问通常被称为"名学"，但必须指出：一方面名家并非仅仅研究"名学"（如兒说弟子为宋元王解闭、公孙龙说燕赵之君"偃兵"之类），而另一方面"并非只有名家才研究名学"；"先秦各家对于正名的问题都十分关心……先秦诸子的名学思想涉及正名、名的形式、名的分类、名与实的关系、名与辩的关系等许多问题。各学派的名学思想既相互冲撞，又相渗透、相互影响"。② 正是从这一立场出发，我们认为在先秦时期，虽然在历史文献的记载中楚国没有出现过一位公认的名家学者，但因为战国中后期中国诸子各派的学术已有走向融合之势，儒、道、法、墨各家都有研究名学的爱好，故楚国其实并不乏热心名学研究的学者，也涌动着此起彼伏的名辩思潮。

据现有资料来看，楚国名学的发展至少可以上溯至春秋末期的老子。《老子》开篇即说："道可道，非常道；名可名，非常名。无名，天地之始；有名，万物之母。"（第一章）又说："道常无名……始制有名，名亦既有，夫亦将知止。"（第三十二章）尽管"名的这一观念，如同'变化'的观念一样，由于老子强

---

① 参见骈宇骞、段书安《二十世纪出土简帛综述》，文物出版社 2006 年版，第 184—205 页。

② 王左立：《先秦名家辨析》，《河南社会科学》2004 年第 5 期。

调'无名'的自然状态的优越性而变得不真实了"，但"在这里，老子似乎察觉到了名的奇妙的可能性"；"'名'在各方面被讨论这事实是最好的证据，表明思想已经越过了散漫的阶段而进入使它本身受到审查和考虑的阶段。诡辩时代正演变为逻辑时代"。[①] 因此似可以说，老子乃是先秦楚国名辩学说的发端。

老子之后，其弟子庚桑楚（亢仓子）、文子等楚地道家学者亦曾涉及名辩学说。《庄子·庚桑楚》曰："是其于辩也，将妄凿垣墙而殖蓬蒿也。"成玄英疏："辩，别也。物性之外，别立尧舜之风，以教迹令人仿傚者，犹好垣墙，种殖蓬蒿之草以为蕃屏者也。"这表明了庚桑楚对名辩的态度。《文子》一书则反复引述《老子》的"道可道，非常道也；名可名，非常名也"之说，也表明了他对老子关于"名"观念的继承关系。到战国中期，道家的庄周与惠施的辩论，则可以说已经是一种十分纯粹的"苛察缴绕"或"专决于名"了。

综合各方面的文献记载来看，在战国时期的楚国学术界，由于受外来名家学说的影响，实际上先后形成了三次名辩思潮发展的高潮。

楚国名辩思潮的第一个波峰，出现于宋钘由齐到楚之后，墨辩学派的出现是其标志；第二个波峰出现于惠施由魏至楚之时，惠施与庄子的辩论及与辩者的名辩"相乐"是其标志；第三个波峰则出现于战国后期，在荀子自稷下到楚之后，对楚国和整个先秦的名辩思潮做出批判性的总结。《孟子·告子下》曰：

---

① 胡适：《先秦名学史》，学林出版社1983年版，第24页。

宋牼将之楚，孟子遇于石丘。曰："先生将何之？"曰："吾闻秦、楚构兵，我将见楚王说而罢之。楚王不悦，我将见秦王说而罢之。二王我将有所遇焉。"

东汉赵岐《注》曰："宋牼，宋人，名钘。"孙奭《疏》云："牼与钘同，口茎反。"钱穆《宋钘考》一文引张宗泰《孟子诸国年表》，以为此事当在"怀王十七年"（公元前312年）；又引焦循《孟子正义》曰："（宋）牼盖年长于孟子，故孟子以先生称之，而自称名。"但问题是，若依钱云："其时孟子年已踰七十"，呼宋牼为"先生"而"自称名"，这是对稷下学者的习惯称呼，亦孟子自谦。在我看来，无论怎样的"习惯"或"自谦"，孟子是绝不会对一个晚辈称"先生"的，孟子之所以对宋牼称"先生"，这说明宋牼至少亦应与孟子年辈相当。《史记·孟子荀卿列传》说："天下方务于合从连衡，以攻伐为贤，而孟轲乃述唐、虞、三代之德，是以所如者不合。退而与万章之徒序《诗》《书》，述仲尼之意，作《孟子》七篇。"罗根泽《孟子传》进而曰：孟子"年老无遇，知道不行，退与公孙丑、万章之徒，论集所为辩难答问之言，作《孟子》七篇"。[①] 孟子生于公元前372年，卒于公元前289年，如果孟子遇宋牼之事确实发生于楚怀王十七年（公元前312年），即使孟轲乐于、且能够以七十高龄游说诸侯，宋牼是否会如孟子那样老而体健、足以远游却未可知。且据《史记·楚世家》记载，自楚宣王三十年（公元前340年）开始，"秦封卫鞅于商，南侵楚"。秦、楚之间就争战

---

① 罗根泽：《诸子考索》，人民出版社1958年版，第354页。

不断，故《孟子》所载宋轻欲至秦、楚偃兵，此举发生的时间不一定会晚到二人年过七十的时候，在此前十年、二十年也是很有可能的。而如果以此事发生于孟、宋约五十岁时，则应在公元前332年；如果发生在孟、宋约六十岁时，则应在公元前322年，至少不会晚于惠施被逐至楚的年月（详后）。

宋轻游楚停留有多长时间，具体参加过哪些学术活动，史书乏载，此处固无得而论。而且，我们在上文已经指出，宋钘在当时社会上主要并不是以一位名家学者的身份出现的。

故在后代学术界，宋钘、尹文乃属于稷下学宫中黄老道家而兼名、墨的学者——或如近代郭沫若等人以之为《庄子·天下》篇所述道家中的一派[①]；或如托名陶潜的《群辅录》，认为宋钘、尹文应属"三墨"中的"宋钘、尹文之墨"；或如署名刘昼的《刘子》，将宋钘、尹文归之为"名家"。故可以推想，宋钘游楚对楚国学术界的影响至少亦当同时涉及道、名、墨三派。我们看《庄子·天下篇》中论宋钘、尹文之学：一方面他们"不累于俗，不饰于物"，"接万物以别宥为始"，似乎离道家很近；另一方面他们又"见侮不辱，救民之斗，禁攻寝兵，救世之战"，似乎又应该归入墨家。《荀子》一书中的《非十二子》说宋钘"上功用、大俭约而僈差等"，正将其与墨翟归入同一类；《荀子·正论》和《正名》则又将宋钘"明辱""不斗"之说与属于儿说、田巴的"非六王"、罪五伯"之世俗之说相提并论，似乎宋钘学说又可归入名家。这就可说明宋钘学说对当时楚国学术界的影响，是遍及于道、墨、名诸家的。

---

① 郭沫若：《十批判书》，人民出版社1954年版，第141—144页。

就整体而言，宋钘学说对楚国学术的影响，最明显的莫过于两方面：一是如《庄子》所言，宋钘学说中道家成分对庄子产生了很大的影响。《庄子·逍遥游》称宋钘为"宋荣子"，说宋钘对"知效一官，行比一乡，德合一君，而征一国者"，"犹然笑之"，"辩乎荣辱之境"，这实际就表明了庄子本人对宋钘"不累于俗，不饰于物，不苟于人，不忮于众"的人生态度和"接万物以别宥为始"的学术方法的强烈向往和高度肯定，也可以说是庄子接受宋钘学说影响的表现。

宋钘学说对楚国影响的另一方面，是其对楚国墨家思想的影响。在宋钘"兼名墨"的学术思路的影响下，使得楚国的墨家自觉地加入到名学的辩论之中（或者说名学融合了楚国墨学的一部分），并造成了楚国墨家内部的重大纷争。《庄子·天下篇》曰：

> 相里勤之弟子五侯之徒，南方之墨者苦获、己齿、邓陵子之属，俱诵《墨经》，而倍谲不同，相谓别墨；以坚白同异之辩相訾，以觭偶不仵之辞相应；以巨子为圣人，皆愿为之尸，冀得为其后世，至今不决。

《庄子·天下篇》所谓"相里勤之墨"，近代学者郭沫若、蒙文通等人都认为即是《韩非子·显学》所说的"相里氏之墨"，郭沫若并且认为相里勤这一派"属于北方"，而"邓陵与苦获、己齿属于南方"。① 但《庄子·天下篇》成玄英《疏》已明确地说："相里勤，名勤，南方之墨师也。"即是说，相里勤之

---

① 郭沫若：《十批判书》，人民出版社 1954 年版，第 247 页。

墨和下面的苦获、己齿、邓陵子一样，都是"南方之墨者"。可能他们原来都是"俱诵《墨经》"而讲"兼爱""非攻"的，原本没有什么不同，其发生分歧应是宋钘等人把名家的学说带到楚国之后。名家学说有所谓"白马非马""坚白离"之类的论题，本只可"服人之口"而"不能服人之心"，在北方学术界本来就存在很大的争议，而这些论题由具有深厚墨家色彩的宋钘带到楚国，自然会受到楚国墨家学者的高度重视，故他们也参与到这场争论中来了。《庄子·天下篇》说楚国的这些学者"以坚白同异之辩相訾，以觭偶不仵之辞相应"，"相谓别墨"，应该就是对当时发生在楚国墨学界这场名辩活动的记载。近代以来许多学者（如胡适、吕思勉等）因此而谓名家出于墨家，似乎正好把名家学说影响墨家（至少是"楚墨家"）发生分裂的事实说反了。而且，我揣测《庄子·天下篇》中所载惠施"观于天下而晓辩者"的二十一事，很可能发生在他于宋钘游楚之后，与那些已经接受名家学说的楚国墨者（"南方之墨者"）"相乐"的辩题。因为根据许抗生《先秦名家研究》的结论，惠施所提出的"这二十一个命题，我们也可以根据它们所反映的不同的思维方法，把它们分别归入'合同异'与'离坚白'这两派之中。属于'合同异'一派的有九个命题，即'卵有毛'；'郢有天下'；'犬可以为羊'；'马有卵'；'丁子有尾'；'山出口'；'龟长于蛇'；'镞矢之疾，而有不行不止之时'；'白狗黑'。所有这些命题都是讲事物之间的相对性与同一性的问题。属于'离坚白'一派的则有十二个命题，它们是：'鸡三足'；'火不热'；'轮不碾地'；'目不见'；'指不至，物不绝'（《庄子·天下篇》作'指不至，至不绝。'《列子·仲尼篇》则作'有指不至，有物不尽。'今据《列子》改'至'为'物');'矩不方,规不可以为圆';'凿不围柄';'飞鸟之景(影)未尝动也'(《列子·仲尼篇》作'有影不移');'狗非犬';'黄马骊牛三';'孤驹未尝有母';'一尺之捶,日取其半,万世不竭'。所有这些命题都是用分析的方法,讲事物之间的差异性的"。① 这就与《庄子·天下篇》中所说的楚国墨者"以坚白同异之辩相訾,以觭偶不仵之辞相应",正好是互相吻合的。《墨子》一书中的《经上》《经下》《经说上》《经说下》《大取》《小取》六篇,现在学术界较为一致的看法是认为这六篇属"南方之墨者"即楚墨的著作,而郭沫若又认为这六篇也正反映了楚墨在分化之后在"坚白同异之辩"上"相訾"和"相应"的情况:"'相訾'即是相反驳,'相应'即是相和同",而楚墨亦因此可以分为"《经上》派和《经下》派",而且二者的"见解是完全相反的"。如在对"坚白石"的看法上,"《经上》派主张盈坚白,《经下》派则主张离坚白"。又如在"关于同异之辩"的问题上,"《经上》派的同异观是根据常识来的,《经下》派则颇承受惠施的主张",认为"'物尽异'、'物尽同',同异有大小"。"要之,《经下》派受惠施、公孙龙的影响极深,与《经上》派实不相同。《经下》派是'离坚白,合同异',《经上》派是'盈坚白,别同异',这层,我们是应该特别注意的。"② 故我认为,很可能"盈坚白,别同异"一派是楚国墨者原来的观念,"离坚白,合同异"则是楚墨中接受了由宋钘、惠施带来的名家学派新观点之后分离出来的另一派。

关于惠施在楚国的学术活动,《庄子》一书还有更多的记载。

---

① 许抗生:《先秦名家研究》,湖南人民出版社1986年版,第57—58页。
② 郭沫若:《十批判书》,人民出版社1954年版,第247—248页。

《庄子·秋水》曰：

> 庄子与惠子游濠梁之上。庄子曰："儵鱼出游从容，是鱼之乐也。"
>
> 惠子曰："子非鱼，安知鱼之乐？"
>
> 庄子曰："子非我，安知我不知鱼之乐？"
>
> 惠子曰："我非子，固不知子矣；子固非鱼也，子之不知鱼之乐，全也。"
>
> 庄子曰："请循其本。子曰'汝安知鱼乐'云者，既已知吾知之而问我，我知之濠上也。"

对于"鱼是否快乐"这个问题，因为人与鱼不是同类，所以是无法以形式逻辑的类比推理获知的。但对这个问题的辩论，则无疑属于一个形式逻辑——即名学的问题。庄子和惠子对这个问题的反复辩论，说明他们二人虽不是名家中人，却是对于名学有深入研究的学者。所以《庄子·天下篇》中详述惠子"历物十事"及桓团、公孙龙之徒与惠子相应之二十一事，而《庄子·齐物论》等各篇中亦往往论及之。如所谓"方与方死，方可方不可"，这正对应着惠施"日方中方睨，物方生方死"的命题；"今日适越而昔也，是以无有为有"，正对应着惠施"今日适越而昔来"的命题；"天地与我并生，而万物与我为一"，正对应着惠施"氾爱万物，天地一体也"的命题；"故以坚白之昧终"，正对应着辩者的"盈坚白"与"离坚白"之论；"一与言为二，二与一为三"，正对应着辩者的"鸡三足"之说；而"以喻指之非指，不若以非指之喻指之非指"，亦对应着公孙龙等人"指不至，至不绝"的命题，等等。故郭沫若在《名辩思潮的批判》一文中，将庄周与惠施并列，认为"庄子也是异常好辩的人"，他和惠子"有着同一的归趣"，都是当时名辩思潮的"很辉煌的代表"。[①] 而根据《战国策·楚策》记载，惠施正是继宋钘之后，曾到楚国传播名家学说的一位学者。《战国策·楚策三》曰：

> 张仪逐惠施于魏，惠子之楚，楚王受之。冯郝谓楚王曰："逐惠子者，张仪也，而王亲与约，是欺仪也。臣为王弗取也。惠子为仪者来，而恶王之交于张仪，惠子必弗行也。且宋王之贤惠子也，天下莫不闻也。……王不如举惠子而纳之宋……"楚王曰："善。"乃奉惠子而纳之宋。

惠施被张仪逐于魏而至楚国，据钱穆考证，当在魏惠成王后元十三年，即楚怀王七年（公元前 322 年）。[②] 而范祥雍的《战国策笺证》则认为"当在（魏）襄王即位初年"（魏襄王公元前318 年即位），因为"《魏策二·魏惠王死章》谓襄王听惠公说而更葬日"。[③] 但据杨宽的研究，公元前 320 年秦假道韩、魏向齐进攻，"齐威王使匡章为将应战"，而"魏惠王得以重新采用公孙衍合纵的策略，把张仪赶回秦国，让公孙衍为魏相，并让惠施回到魏国"。[④] 故惠施被逐至楚仍当在魏惠（成）王后元十三年，即公元前 322 年，不必等到魏"襄王听惠公说而更葬日"之后。

---

① 郭沫若：《十批判书》，人民出版社 1954 年版，第 327 页。
② 钱穆：《先秦诸子系年》，商务印书馆 2002 年版，第 396 页。
③ 《战国策笺证》（上册），（西汉）刘向集录，范祥雍笺证，范邦瑾协校，上海古籍出版社 2006 年版，第 854 页。
④ 杨宽：《战国史》，上海人民出版社 2008 年版，第 353 页。

惠施由魏至楚后停留的时间应该不长，但楚国学者们抓住这一机会与之交流，并充分享受到了与惠施这位政治家兼名辩学者论辩的快乐。《庄子·天下篇》载：

> 南方有倚人焉曰黄缭，问天地所以不坠不陷，风雨雷霆之故。惠施不辞而应，不虑而对，偏为万物说，说而不休，多而无已，犹以为寡，益之以怪。

"倚人"，《释文》曰："本或作畸。"郭庆藩曰："倚人，异人也，王逸注《九章》云：'奇，异也。'倚从奇声，故古字倚与奇通也。"[①] 此奇异之人所问惠施乃"天地所以不坠不陷，风雨雷霆之故"，这其实即是名家所谓"苛察缴绕"之类，故此人姓"黄"名曰"缭"。《说文解字·系部》："缭，缠也。"《集韵·宵韵》："缭，绕也。"可知黄缭实乃楚地"辩者"，而惠施所历十事而所"晓"之"辩者"，其实可能都是楚国的名辩学者。而且此事极有可能就发生于惠施这次被逐而由魏至楚的时候。因为惠施"观于天下而晓辩者"的"所历二十一事"，其中"鸡三足""指不至，至不绝"等既见于《庄子·齐物论》，则固当为楚国学术界固有之名辩论题矣；而所谓"郢有天下""丁子有尾"（成玄英疏："楚人呼蝦蟆为丁子也。"）之类，更显然为楚地特有之名辩论题。所以说，这些都可见当时楚国名辩思潮十分兴盛。

其实，楚国名辩思潮的盛行还可以从战国中期楚国伟大诗人

----

① 《庄子集解》（第四册），（清）郭庆藩撰，王孝鱼点校，中华书局1961年版，第1113页。

屈原的诗歌作品中见出。屈原既在他的许多作品中批判了当时社会中名实乖谬的现象和当时政治生活中君主"弗参验以考实兮"（《九章·惜往日》），"变白以为黑"，"倒下以为上"（《九章·怀沙》）的混乱；而且他还特作《天问》一篇，不仅如黄缭那样"问天地所以不坠不陷，风雨雷霆之故"，亦如倪说、田巴那样"非六王、罪五伯"，对尧、舜、禹、汤、文、武等的名实乖谬之处提出了大胆的疑问。如《天问》曰：

> ……斡维焉系？天极焉加？八柱何当？九天之际，安放安属？……日月安属？列星安陈？

这是"问天地所以不坠不陷"，他又对尧、舜、禹、汤、文、武提出疑问，说：

> （禹）焉得彼嵞山女，而通之于台桑？闵妃匹合，厥身是继，胡维嗜不同味，而快朝饱？
>
> 舜闵在家，父何以鳏？尧不姚告，二女何亲？……登立为帝，谁道尚之？会晁争盟，何践吾期？苍鸟群飞，孰使萃之？……反成乃亡，其罪伊何？争遣伐器，何以行之？

尽管从东汉王逸撰《楚辞章句》以来，历代的注释家对屈原的诗句中包含的对尧、舜、禹、汤、文、武等"圣人"言行的问难多有曲解，如解禹与涂山氏之女"通于台桑"为"言禹治水，道娶涂山氏之女，而通夫妇之道于台桑之地"，而讳言其私通淫秽；解舜无父母之命而娶尧之二女为尧"使舜娶"，而讳言舜有违孝道。但这些其实都改变不了屈原对舜、禹言行中存在名实乖刺矛盾的揭露。而屈原诗篇中对"六王、五霸"的质疑，与名家兒说、田巴的"非六王、罪五伯"的名家观点正是一脉相承的。这也可以说是名辩学说在楚国学者中深刻影响的反映。

宋玉是稍晚于屈原的楚国辞赋作家，他既在其长诗《九辩》中叹时政之名实乖违："何时俗之工巧兮，背绳墨而改错。却骐骥而不乘兮，策驽骀而取路。"更在其《风赋》中以文学的手法，力辩"大王之雄风"与"庶人之雌风"的不同，这可以说是中国文学史上第一篇以名辩为内容的文学作品，其辞曰：

> 　　楚襄王游于兰台之宫，宋玉、景差侍。有风飒然而至，王乃披襟而当之，曰："快哉此风，寡人所与庶人共者邪？"宋玉对曰："此独大王之风耳，庶人安得而共之。"王曰："夫风者，天地之气，薄畅而至，不择贵贱高下而加焉。今子独以为寡人之风，岂有说乎？"宋玉对曰："臣闻于师，枳句来巢，空穴来风。其所托者然，则风气殊焉。"王曰："夫风始安生哉？"宋玉对曰："夫风生于地，起于青蘋之末，侵淫谿谷，盛怒于土囊之口，缘泰山之阿，舞于松柏之下，飘忽淜滂，激飏熛怒，耾耾雷声，迴穴错迕，蹶石伐木，梢杀林莽。至其将衰也，被丽披离，冲孔动楗，眴焕粲烂，离散转移。故其清凉雄风，则飘举升降，乘陵高城，入于深宫，邸华叶而振气，徘徊于桂椒之间，翱翔于激水之上。将击芙蓉之精，猎蕙草，离秦蘅，概新夷，被荑杨，迴穴冲陵，萧条众芳，然后徜徉中庭，北上玉堂，跻于罗帷，经于洞房，乃得为大王之风也。故其风中人状，直憯悽惏慄，清凉增

欶，清清冷冷，愈美病析酲，发明耳目，宁体便人，此所谓
大王之雄风也。"王曰："善哉论事。夫庶人之风岂可闻
乎?"宋玉对曰："夫庶人之风，塕然起于穷巷之间，堀堁扬
尘，勃然烦冤，冲孔袭门，动沙堁，吹死灰，骇溷浊，扬腐
余，薄人甕牖，至于室庐。故其风中人状，直憯凄惏慄，殴
温致湿，中心惨怛，生病造热，中唇为胗，得目为蔑，啮齰
嗽获，死生不卒，此所谓庶人之雌风也。"

宋玉的这篇赋作，虽然是以比喻、排比、夸张的手法写作的
文学作品，但全文集中于所谓"大王之雄风"与"庶人之雌风"
两个概念的辨析，逻辑的理路十分清晰，充满了名辩的色彩，与
《庄子·齐物论》中南郭子綦所谓"大块噫气，其名为风"一段
的描写，实有异曲同工之妙，而其名辩的色彩更为鲜明。这正可
见出随着时代的发展，名辩思潮在楚国的影响已更为普遍和
深入。

楚国名辩思潮的第三个波峰出现于战国后期，是以荀子这位
由稷下至楚的大儒为代表，对楚国乃至整个先秦名辩思潮做出了
批判性的总结。

荀子是先秦诸子中的最后一位大师，也是一位大儒，他是从
儒家的立场出发参与到先秦的名辩思潮之中，并按孔子"正名"
的要求对楚国和整个先秦的名辩思潮进行批判性总结的。

荀子名况，字卿，又称孙卿，《史记·孟子荀卿列传》说他
是"赵人，年五十始来游学于齐"；"齐襄王时，而荀卿最为老
师。齐尚修列大夫之职，而荀卿三为祭酒焉。齐之或谗荀卿，荀
卿乃适楚，而春申君以为兰陵令。春申君死而荀卿废，因家兰

陵……序列著数万言而卒。因葬兰陵"。荀卿由齐适楚的具体年月，自来学者一般认为是在楚考烈王八年（公元前 255 年）。钱穆依《盐铁论·论儒篇》推定为齐湣王十五、六年（当楚顷襄王十三、四年，公元前 286 年、公元前 285 年）。罗根泽认为《盐铁论》中关于荀卿适楚的一段，本是当时"辩论时极随便的一句话，并没有经过稽考是非像史家似的一番审察"，并且与同书关于荀卿、李斯的教学年月的记载是互相矛盾的，因而钱穆这种推论是不可信的。① 我认为，不论荀子去齐适楚是在楚顷襄王之时，还是在楚考烈王之时（而且根据《战国策·楚策四》和刘向《荀子叙录》的记载，荀卿在春申君时还曾有过去楚返赵、然后又由赵回楚的经历），这实际都不能改变荀子至楚国时已属战国后期，而此时中国学术已接近"百家争鸣"的尾声，走向了批判地总结的时代。名家学说和名辩思潮的发展也是如此。在此时，名家已主要由原先就固有的名学论题或新的名学命题展开讨论，而转向了将各家学说进行综合或批判性的总结。《战国策·韩策二》载：

　　史疾为韩使楚，楚王曰："客何方所循？"曰："治列子圉寇之言。"曰："何贵？"曰："贵正。"王曰："正亦可以为国乎？"曰："可。"王曰："楚国多盗，正可以圉盗乎？"曰："可。"曰："以正圉盗，奈何？"顷间，有鹊止于屋上者。曰："请问楚人谓此鸟何？"王曰："谓之鹊。"曰："谓之乌可乎？"曰："不可。"曰："今王之国，有柱国、令尹、

---

① 罗根泽：《诸子考索》，人民出版社 1958 年版，第 367 页。

司马、典令。其任官置吏，必曰廉洁胜任。今盗贼公行，而
弗能禁也，此乌不为乌，鹊不为鹊也。"

近人范祥雍《战国策笺证》云："鲍彪移此章于《楚策》考
烈王下。"① 据此，则史疾使楚的时间当在战国后期楚考烈王在
位的公元前262—公元前238年之间。而由上文可知，楚国名辩
思潮的兴起，实有赖于北方诸国名家学说的输入。由此章来看，
则此时北方名家学术论题已由兒说、田巴的"白马非马论"和
"非六王、罪五伯"，宋钘的兼名墨及惠施的诡辩，而有向儒家孔
子"正名"说转变的倾向。因为据《庄子》《列子》和《尸子·
广泽》《吕氏春秋·不二》诸书来看，列圄寇即列子，其学术特
点是"贵虚"②，而此处史疾却以"贵正"概括之。显然，已经
作古的列圄寇不可能把自己的"贵虚"学术内容再作改造，改造
列圄寇学术的只可能为史疾这类"后人"。而史疾之类所以以
"贵正"改造列子的"贵虚"，又很可能因为此时北方的名家
（或至少有相当一部分名家学者）已将其学术重心由原先的"坚
白同异"之论和"非六王、罪五伯"，转向了与儒、道诸家综
合、并以孔子"正名"说为皈依的路向。——荀子学说中以"正
名""正论""解蔽"为中心的名辩思想，应该正是在这一学术
背景下形成的。

荀子的名辩思想的基本特点，就是批判性的总结此前的名辩
学说。荀子首先肯定了名辩的必要性和重要价值。他认为"君子

① 《战国策笺证》（下册），（西汉）刘向集录，范祥雍笺证，范邦瑾协校，上海古
籍出版社2006年版，第1574页。
② 参见拙作《由詹何看先秦道家思想发展演变》，《哲学研究》2013年第9期。

必辩"，在"辩"的过程中"分别以喻之，譬称以明之"（《荀子·非相》），讲究名辩的技巧；再在此基础上"有循于旧名，有作于新名"；"名定而实辩，道行而志通，则慎率民而一焉"（《正名》），达到全社会思想的重新统一。为达到这一名辩的目标，荀子对此前的名家学说和各种名辩思想进行了坚决的批判。他在《非十二子》篇中批判以惠施、邓析为代表[①]的名辩学说曰：

> 不法先王、不是礼义，而好治怪说，玩琦辞，甚察而不惠，辩而无用，多事而寡功，不可以为治纲纪；然而其持之有故，其言之成理，足以欺惑愚众，是惠施、邓析也。

所谓"不法先王、不是礼义，而好治怪说"，大概就是他在《正论》篇批驳的"今世俗之为说者，以桀、纣为君而以汤、武为弑"之类，亦即名家的儿说、田巴的"非六王、罪五伯"；而"玩琦辞，甚察而不惠，辩而无用"云云，则大概是针对惠施"与辩者相乐"那些命题而言的。但批判不是要否定"有名"的必要性，即不是要否定名辩，重要的是要使名实相符。故他的《正名》篇说：

> 异形离心交喻，异物名实玄纽，贵贱不明，同异不别，

---

① 案：《荀子》书中《非十二子》《不苟》等篇都把邓析与惠施并列，且置于惠施之后，学者多以为邓析为春秋时人，而史料中未见其论名家学说的记载，故荀子所说应与黄老道家言黄帝、农家学派言神农相似。故本文认为，《荀子》书中所言名家命题并非邓析思想，"特以相传邓析长于诡辩，故托之尔"（参见蒋伯潜《诸子通考》，岳麓书社2010年版，第37页）。

> 如是则志必有不喻之患，而事必有困废之祸。故知者为之分别，制名以指实，上以明贵贱，下以辨同异。贵贱明，同异别，如是则志无不喻之患，事无困废之祸，此所以为有名也。

这样的名辩于"事"于"礼"都很是必要的，自然不会如惠施、邓析那样"辩而无用，多事而寡功"，而是"可以为治纲纪"的。以这样的态度、方法去辩"名"，实际就是"正名"的工作。这是荀子这位先秦时期最后一位思想大师所想要完成的一项时代使命。

余 论

先秦名家思想的发展及楚国名辩思潮的演变，我们已略论如上。但由于年代的久远和史料的缺乏，学术界对先秦曾兴盛一时的名家学说在后世的影响多不甚了了。所以，一般人都认为，秦统一六国，既"结束了先秦百家争鸣的局面"，西汉先是黄老之学盛行，接着"罢黜百家，独尊儒术"，"儒家思想占了统治地位"，"兴盛于战国中期的名家学派，也随着时代的变迁而销声匿迹了"。直到魏晋时代，"社会动荡不安，思想界也比较'自由''活跃'，名家思想才得到一定的复苏机会"。[1] 但由上文我们对名家学说的发展历程的分析来看，名家实不止于"离坚白，合同异"之说，而亦有其关注社会历史和政治的一面。而从这一方面

---

[1] 许抗生：《先秦名家研究》，湖南人民出版社1986年版，第86—87页。

来看，至少在西汉初期名家学说仍有其余脉在焉。《史记·儒林传》载：

> 清河王太傅辕固生者，齐人也。以治《诗》，孝景时为博士。与黄生争景帝前。黄生曰："汤、武非受命，乃弑也。"辕固生曰："不然。夫桀、纣虐乱，天下之心皆归汤、武，汤、武与天下之心而诛桀、纣，桀、纣之民不为之使而归汤、武，汤、武不得已而立，非受命而何？"黄生曰："冠虽敝，必加于首；履虽新，必关于足。何者，上、下之分也。今桀、纣虽失道，然君上也；汤、武虽圣，臣下也。夫主有失行，臣下不能正言匡过以尊天子，反因过而诛之，代立践南面，非弑而何也？"辕固生曰："必若所云，是高帝代秦即天子之位，非邪？"于是景帝曰："食肉不食马肝，不为不知味；言学者无言汤、武受命，不为愚。"遂罢。是后学者莫敢明受命放杀者。

此处《史记·儒林传》所载黄生"汤、武非受命，乃弑也"之论，与上文我们所举兒说、田巴以来名家"汤、武有放杀之事，五伯有暴乱之行"的"非六王、罪五伯"之言，正是一脉相承的，它似说明名家学说在汉初并未销声匿迹，而是被黄生这类学者所继承着的。故贾谊《新书》亦曾反复引"履虽鲜，弗以加枕；冠虽弊，弗以苴履"（《新书·阶级》等），以说明"故善守上下之分者，虽空名弗使逾焉"（同上，《审微》）。而且，正如皮锡瑞在《经学历史》一书中所言："（汉）武帝罢黜百家，表章六经，孔教已定于一尊矣。然武帝、宣帝皆好刑名，不专重

162

儒"；"元、成以后，刑名渐废"，这才使西汉学术界"上无异教，下无异学"①。故司马迁所谓"是后学者莫敢明受命放杀者"，应该只说明景帝时的一些学者不敢再明辨名家的"汤武放杀"命题了，而并不代表学者们在另外的时间和地点都不再讨论类似论题了，更不是说整个名家学说在西汉已完全销声匿迹了。董仲舒说："治天下之端，在审辨大。辨大之端，在深察名号。"（《春秋繁露·深察名号》）又说："欲审曲直，莫如引绳；欲审是非，莫如引名。名之审于是非也，犹绳之审于曲直也。诘其名实，观其离合，则是非之情不可以相谰也。"（同上）这显然和荀子一样，也是要"辨物之理，以正其名"，其中不乏对名家思想方法的继承。而魏晋玄学时期学者对名家学说，也并不只是限于辨名析理、综核名实方面，阮籍、嵇康的"每非汤、武而薄周、孔"，可以说仍然是对名家"非六王、罪五伯"之说的一种承续。

（原载《哲学研究》2016 年第 1 期，发表时有删节）

---

① 《经学历史》，（清）皮锡瑞著，周予同注释，中华书局 1959 年版，第 102 页。

先秦的“小说家”与楚国的“小说”

　　小说是当代主要的文学体裁之一，它包括长篇小说、中篇小说、短篇小说、小小说（微型小说）等；小说家则是以创作小说为职业者（或者说是擅长小说创作的作家）。但这只是今天人们的观点，并非是古已有之的定义。在中国的先秦时期，小说概念还刚刚产生，小说家的名称则尚无人正式提出。所以，那时的小说和小说家如何，便成为后代研究中国先秦学术史、特别是中国早期文学史时，人们必须首先解决的问题。而学术界研究中国小说及小说历史者，亦必人人自论先秦小说概念、作品及小说家开始——尽管这些探索因研究资料的匮乏，结论往往陈陈相因、多凭空推测之辞。

（一）先秦的“小说”和“小说家”

　　中国的小说概念，最早出现于《庄子·外物篇》。其言曰：

　　　　夫揭竿累，趣灌渎，守鲵鲋，其于得大鱼难矣。饰小说以干县令，其于大达亦远矣。

对于《庄子·外物篇》的这段话，唐以前司马彪、崔譔、向秀《庄子注》的佚文以及郭象的《庄子注》，都未见任何注解；直到唐代成玄英的《庄子疏》，才见到古人第一次对《庄子》"饰小说以干县令"云云的注解。成玄英曰：

> 干，求也。县，高也。无修饰小行，矜持言说，以求高名令［闻］者，必不能大通于至道。字作"县"（字）［者］，古"悬"字多不著"心"。

成玄英的《疏》将"饰小说以干县令"解释成"修饰小行，矜持言说，以求高名令［闻］者"，将"小说"解释成"小行"和"言说"两件事情，似乎是不够准确的。因为刘歆的《七略》和班固的《汉书·艺文志》中已将"小说家"作为先秦"九流十家"之一，而他们对"小说家"的界定也只是说："街谈巷语，道听途说者之所造也"——只涉及"谈说"而未涉及"小行"；而后人亦认为"沈诸梁为叶县尹，穆公召县子而问"，则"县令"不当作"高名令［闻］"解，当即是县官，"作县令解，方与灌溪之喻相符"。① 所以，我们认为，"小说"只能是一个偏正结构的名词，指的就是后世作为一种语言文学之体的"小说"，而不可能是"小行"和"言说"两件事情。

"小说"即是后世的作为一种语言文学之体的"小说"，那么先秦时的"小说"和"小说家"是怎样的呢？要弄清这两个问题，我们有必要从分析"小"和"说"两个文字或概念开始。

---

① （清）刘方苞：《南华雪心编》（下），中华书局 2010 年版，第 679 页。

"小"这个字，《说文解字·小部》曰："小，物之微也。"历代字书、辞书更有微小、低微、短暂、狭隘、年幼、轻视等众多训解。但概括起来说："小"乃是一个与"大"相对的概念，从词性上说它是一个形容词，是从形式（面积、体积、形制等）和价值两方面对人或事物的一种评判。而"小说"则是一个偏正结构的名词（或词组），其中的"小"是修饰和限定"说"的，是对"说"的一种分类——实际上暗示着还有一种与之相对的"大说"[①]。如果说从形式上讲，"小说"是指一种体制短小之"说"的话[②]；那么，从价值评判的角度来讲，"小说"则就是一种价值比"大说"要小得多的"说"了。

"小说"虽然在形式和内容上都是与"大说"相对的一个概念，但现在问题在于，我们在现有文献中却只能看到"说"和"小说"这两个概念，并不能发现"大说"这个概念。这是什么原因呢？看来，我们有必要对中国先秦时期的"说"的来龙去脉有更细致和更深入的探讨。

学者们对先秦"说"概念的探讨，一般也是从文字学的研究开始的。有学者曾说，从字源学上看，"说"字是由"兑"字孳乳而来，"它的基本义项为愉悦、开解、言说三义"。仅从春秋战国时期先秦诸子们对"说"的使用情况来看，"在'说'的基本义——言说上，前期多用比较单纯的言说义，而后期则多用为辩说义和学说义，这不仅反映出言论作为社会手段和知识形态的迅猛发展，而且反映出各种言论之间的交流和碰撞"。而从词性上

---

① 李致忠：《四部分类的应用及其类表的调整》，《国学研究》第十卷，北京大学出版社 2002 年版。

② 东汉桓谭的《新论》曰："小说家，合丛残小语，近取譬喻"云云。似正与此同。

来看，则"说"的以上词（字）义又可分为动词和名词两种性质。当"说"——愉悦、开解、言说作为一种行为及其过程时，它是一个动词；"当'说'和某一类知识和言论方式联系在一起时"，"说"也就"是一种言论方式"，或是一种"被记录下来"的"特定的言论方式"，即"一种文体类型"。① ——这时，它就是一个名词。如《韩非子·外储说右上》曰："师旷之对，晏子之说，皆合势之易也，而道行之难，是与兽逐走也，未知除患。患之可除，在子夏之说《春秋》也。"《吕氏春秋·重言》曰："成公贾之讔也，贤于太宰嚭之说也。太宰嚭之说，听乎夫差，而吴国为墟；成公贾之讔也，喻乎荆王，而荆国以霸。"这两例中的"晏子之说"和"太宰嚭之说"，显然都是指"一种言论方式"或"一种文体类型"。因此，先秦诸子书中很多以"说"名篇之文，其篇名的"说"字，实际上都是该文属于"说体文"的标志。如《墨子》一书中的《经说上》《经说下》，《韩非子》一书中的《说林上》《说林下》等。

但是，我们认为，这种以先秦诸子文章篇名的"说"即是"一种文体类型"的看法，似乎尚有将问题简单化之嫌。因为先秦诸子文中有一些以"说"字名篇的作品，其中的"说"字就有不是表示文体的，其内容有的也不是一篇完整的言论或言说，而是在讲如何游说人主或向人主进言这种事情。如《吕氏春秋·顺说》《韩非子·说难》二篇篇名中的"说"字，理解为"一种言论方式"或"一种文体类型"，就是不够确切的。这说明，作为名词使用也只是"说"的众多词性（名词、动词、形容词等）

---

① 王齐洲：《说体文的产生及其对中国传统小说观念的影响》，《稗官与才人——中国古代小说考论》，岳麓书社 2010 年版，第 103 页。

中的一种，即使是就仅作为名词使用的"说"来看，其表示"一种文体类型"，也只是其众多名词性义项中的一项。如《周易·系辞上》："原始反终，故知死生之说"中的"说"，就是一个名词性的"说"，但词义为道理、学说。《墨子·小取》："论求群言之比，以名举实，以辞抒意，以说出故。"其中的"说"也一个名词，但它是古代墨家逻辑学的专有名词，特指推理。《周礼·春官·大祝》："（大祝）掌六祈以同鬼神示：一曰类，二曰造，三曰祪，四曰禜，五曰攻，六曰说。"郑注："皆祭名也。"可见，这里的"说"是一个专有名词，指周代大祝所掌的一种祭祀。这就说明，我们在分析作为名词"说"的"文体类型"义项时，必须首先把它和"说"的其他众多名词性义项区别开来；我们在分析由"说"所分化出来的"小说""大说"概念时，也必须首先把它限定在作为"一种言论方式"或"一种文体类型"的范围之内，这样才有可能厘清它的内涵和特点。

而根据我们以往的研究，先秦时期作为"一种文体类型"的"说"，其实是相对于"经"出现的一个概念，是解说"经"的"一种文体类型"。[①] 这种解说"经"的"说"，一般被称为"经说"，有时又称为"经解""经传"等，也就是人们所谓的"大说"。因为先秦的"经"并不止儒家的"六经"（《易》《诗》《书》《礼》《乐》《春秋》），其他诸子学派都有自己的"经"，所以他们把自己的"经说""经解""经传"也都视为"大说"，只有那些不入"流"的"说"，才被他们称为"小说"，造作这

---

① 高华平：《中国先秦小说的原生态及其真实性问题》，《天津社会科学》2007年第4期。后收入《先秦的文献、文学与文化——高华平自选集》，华中师范大学出版社2012年版。

些"小说"的一派则被称为"小说家"。先秦时期南方墨者就把自己所诵的墨家先贤之言称为"墨经",而把他们自己的解说文称为"经说"。现存《墨子》一书中既有《经上》《经下》,又有《经说上》《经说下》就是明证。《韩非子》一书中的《内储说》《外储说》等篇,一篇中既有"经",也有"说",且皆用"说在某"以标明之。而这种"大说"性质的"经说",在《韩非子》一书中又有"解""喻"等名称(如《韩非子》中解说《老子》的著作名《解老》《喻老》等)。在《管子》一书中,前有《牧民》《形势》《立政·九败》《版法》《明法》诸篇,后则有《牧民解》《形势解》《立政九败解》《版法解》《明法解》诸多以"解"名篇的解说文。今本《吕氏春秋》一书各篇中虽不见以"某某说"或"某某解"名篇者,一篇中也不见标有"经""说"之例,但该书《应同》《听言》《谨听》《务本》《谕大》诸篇篇末都有"解在某"的文字,说明当初这些篇章应是前为"经",而后则如《韩非子》之《内外储说》一样,是有与之相应的解经文字存在的;而且这些"经说"也应该是以"解"名篇的。另外,如《管子·心术上》,一篇之中,前半叙全篇大旨,后半则对前半逐字逐句加以解说,虽篇中无"经""说"或"解"字样,但此篇显然是由"经"和"说"或"解"组成的长文。1972 年长沙马王堆汉墓出土的帛书中也出现过前半叙述大旨,后半虽"解说"前文、但并无"解""说"字样——两部分组成的《五行》篇(而 1993 年在湖北荆门战国楚简《五行篇》,则只有前半"经"文,而无后半"解"或"说"的部分),也说明当时一篇中可以同时有"经"和"说"(或"解"),却不用"说"或"解"以标明之。

　　因此，从某种意义上讲，在先秦诸子的时代，除不入流的
"小说家"之外，所有诸子的著作实际应只有两大类的文体：一
类是"经"，一类是解经的名之曰"说""解""传"等的解说
文。而根据儒家的观点，儒学的历史就是一部"（著）述经"和
"解经"的历史：孔子删定"六经"，"孔子之前，不得有经"；
孔子删定"六经"之后，后儒的著作皆具"经说"的性质："得
谓之传，或谓之记，弟子辗转相授谓之说。"① 以孔门之《礼》
学为例："古人以《仪礼》为经，《记》则所以解之。故《仪礼》
有《士冠礼》，《礼记》则有《冠义》；《仪礼》有《士昏礼》，
《礼记》则有《昏义》；《仪礼》有《乡饮酒礼》，《礼记》则有
《乡饮酒义》；《仪礼》有《乡射礼》，《礼记》则有《射义》；
《仪礼》有《燕礼》，《礼记》则有《燕义》；《仪礼》有《聘
礼》，《礼记》则有《聘义》；《仪礼》有《丧服》，《礼记》则有
《丧服小记》。记之大用，在于解经，此其明证矣。"②

　　先秦这种为解"经"而作的"说""解""传""记"等文
章，尽管它们有的被称为"说"、有的被称为"解"、有的则被
称为"记"等等，但因为它们解"经"的性质，所以它们实际
都应该被称为"经说""经解""经传"等等，也就是所谓"大
说"。只要我们看看历史上那些解"经"的著作，它们的"说"
"解""传""记"之前有时被直接冠以"大"字，被称为"大
传""大义"之类，我们就不难明白这一点。如《周易·系辞
传》，在司马谈的《论六家之要指》中就被称为《易大传》，《汉
书·艺文志》中的《尚书传》，在《隋书·经籍志》中则被著录

<hr/>

① （清）皮锡瑞：《经学历史》，中华书局 1959 年版，第 19、67 页。
② 张舜徽：《汉书艺文志通释》，华中师范大学出版社 2004 年版，第 211 页。

为"《尚书大传》三卷",即是其例。以此例彼,诸子书中那些解各家之"经"的"说""解""传""记"等,不论它们前面是否曾被冠以"经""大"等字,被称为"经说""经解""经传""经记"或"大说""大解""大传""大记"之类,是没有问题的。至于那种不与"经"相联系的不入流的"说",则只能是"小说"。"小说家"则是先秦时期热衷于造作"小说"的一个诸子学派。《汉书·艺文志》曰:

> 小说家者流,盖出于稗官。街谈巷语,道听途说者之所造也。孔子曰:"虽小道,必有可观焉。致远恐泥,是以君子弗为也。"然亦弗灭也。闾里小知之所及,亦使缀而不忘。如或一言可采,此亦刍荛狂夫之议也。

《汉书·艺文志》的这段"序"文,有几点值得注意:一是它说"小说家"出于"稗官",这是说"小说家"和其他诸子学派一样都"出于王官"。——这实际是很牵强的。二是它说"小说"是"街谈巷语,道听途说者之所造也"。这是说"小说"的创作主体不是那些以道自任的先秦诸子(士人、知识分子),而是那些民间的民众、百姓,都是些不入流的人物。三是说"小说"或"小说家"之所以被定义为"小",主要是因为这些"说"的价值"小",乃属于"小道"和"小知(智)"。四是,这一点常常被人们忽视,这实际是在说明"小说"在形式上的特点——属于口头创作和篇幅体制短小的特点。因为"小说"既是"街谈巷语,道听途说者之所造也",那自然是属于口头创作,而且是"丛残小语"("街谈巷语"时谁有功夫去听长篇大论呢?);

不可能如朝廷文书或诸子解"经"的高头讲章那样，前者是要"书之竹帛"或"琢之盘盂，镂之金石"（《墨子·明鬼下》）的；后者也当如王充在《论衡·量知篇》所云："截竹为简，破以为牒，加笔墨之迹，乃成文字，大者为经，小者为传记。"是想要藏之名山，传之永久的。

至此，我们可以将先秦时期"小说"的内涵和特点概括为：从价值评判的角度来看，"小说"是相对"大说"而言的一个概念，它是不解说"经义"的"小道"和"小知（智）"；从形式上看，它与官方文书或诸子"经说""经解""经传""经记"等不同，它是既不"书之竹帛"或"琢之盘盂，镂之金石"，也不"加笔墨之迹"，而"成文字"的。——它属于民间口头创作的、篇制短小的"说"。

（二）楚国学者在中国古代小说理论上的贡献

中国先秦时期的《庄子》一书已出现了小说概念，其他先秦诸子的著作中也或多或少地涉及到中国早期小说的内容和形式方面的某些基本特点。但如果我们从文化地理的角度来看这些问题则会发现，不论是先秦小说概念的提出，还是对小说概念之内涵和形式特点的自觉探讨，实际都与楚国有着很大的关系。甚至可以说，中国先秦时期有关小说概念和关于小说性质特点的最初研究，差不多都是楚国学者（更具体地说，是战国时期的楚国学者）的理论贡献。

我们已经指出，先秦时期的小说概念最早出现于《庄子·外物篇》的"饰小说以干县令"，而《庄子》一书属庄子学派的丛书，因此可以说，道家的庄子及其学派，无疑就是中国最早提出小说概念的学者。但也许有人会说，《史记·老子韩非列传》称庄子为"蒙人"，刘向《别录》云"宋之蒙人也"，班固的《汉书·艺文志》则曰："宋人。"那么即使《庄子·外物篇》首先提出了小说概念，是否可以归为楚国学者的理论贡献恐怕也存在疑问。

我以为，是可以把《庄子·外物篇》提出小说概念视为楚国学者的理论贡献的。因为根据我的研究，在庄周时代，庄子的籍里"宋之蒙（城）"不仅可能已为楚国所有，宋国似早已近乎楚国的附庸，而且宋国和楚国还具有文化上深厚的血缘关系，都属于南方文化的代表。所以说，《庄子·外物篇》首先提出小说概念，归为楚国学者的理论贡献，这应该是可以成立的。你只要看看《左传》和《史记》里记载的楚昭王和宋景公面对灾异时宁可自己承受、也不愿移于臣民的一致表现，就不难发现他们在思维方式上是何等相似。故孔子所谓"南人有言：人而无恒，不可以作巫医"，或"人而无恒，不可以卜筮也"。虽历来被人解为"楚人"或"南国之人"，但在新近出土的郭店楚简《缁衣》中却被引作："宋人有言曰：'人而亡恒，不可以卜筮也。'"似乎自古"宋人"就是和楚人一样被视为"南人"的，他们也的确有着相同或相似的思想文化传统。① 因此，我们也可以说，中国先秦时期的小说概念，最早是楚国道家学者（或者说有楚国文化背景的道家学者）提出来的，是楚国学者在中国古代小说理论史上的一个重要贡献。

---

① 高华平：《先秦诸子与楚国诸子学》，北京师范大学出版社 2016 年版，第 89 页。

　　当然，我们也必须承认，尽管《庄子·外物篇》首先提出了小说概念，但该书并未对小说概念做过哪怕一句说明，就连汉魏时期注《庄子》的学者也没有对小说概念做过任何注解。这就会使我们对当时楚国学者何以能最早提出小说概念产生疑惑。

　　现有先秦文献提到小说的材料本来就极少，关于楚国学者讨论小说的材料就更难稽考了。但任何一种思想观念或概念、术语的出现，都绝对不会是凭空产生的，也不会是某个人突发奇想提出来的，它有其一定的生长的土壤，它一定是在适当的环境中经过长久的酝酿、发育才形成的。小说概念在楚国的提出，同样也应该是这样的。经过对先秦诸子的相关著作研究之后，我们发现在庄子时代，墨家学派经惠施、宋钘等人的交流，使楚国原有的墨学发生了分化，形成了南方"相里勤之弟子，五侯之徒"与"苦获、己齿、邓陵子之属"相对的"别墨"。① 现存《墨子》一书中的《经上》《经下》《经说上》《经说下》《大取》《小取》六篇，学术界向来都认为是楚国"别墨"的著作。而就在这六篇"别墨"们"以坚白同异之辩相訾，以觭偶不仵之辞相应"的辩论中，"别墨"们还曾第一次对知识获得的过程、知识的具体来源及其种类做过相当细致的分析。《墨子·经上》把知识的获得分为三个步骤（或者说三个条件）：

　　　　知，材也。
　　　　知，接也。
　　　　恕，明也。

---

　　① 高华平：《"三墨"学说与楚国墨学》，《文史哲》2013 年第 5 期。

这里所谓的"知,材也",是指人获得知识所必须具备的才能或生理基础,即《经下》所谓"惟以五路知"中的"五路"(即"五官"),故《经说上》云:"知材,知也者,所以知也,而必知,若明。"①"知,接也",是指人获得知识的第二个步骤,是要用人的天生的"材"与外物相"接",即所谓"知,知也者,以其知过物而能貌之,若见"。获得知识的第三步,是所谓"䁻,明也"。"䁻",应该是"别墨"们自己新造的一个字,它表示一个人要真正使感官获得的感觉经验变成知识,还必须经过人的理性思维活动,对人的感觉经验进行分析加工,故他们就依据孟子所谓"心之官则思"的原则,在"知"下加上一个"心"字偏旁,以标示出作为人的认识活动的这种特征。

这就是"别墨"们对人类获取知识过程的分析。不过,"别墨"们的知识论并不止于此,他们还对上述获得知识的每个步骤和细节都有更进一步的论证。如他们又就逻辑方面,对"吾人知识之来源"作出过分析。②《墨子·经上》曰:

知:传授之,闻也;方不廋,说也;身观焉,亲也。

又说:

闻:或告之,传也;身亲观,亲也。

"别墨"是墨学中以逻辑分析见长的一派,故他们在这里既

---

① 此句胡适、冯友兰均改为"不必知,若明。"
② 冯友兰:《中国哲学史》(上),重庆出版社 2009 年版,第 213 页。

把"吾人知识之来源"分为"闻""说""亲"三种，对之作了条分缕析；还对作为"吾人知识之来源"的"闻""说""亲"三者的具体内涵，做了更明确的逻辑界定。不仅对作为"吾人知识之来源"的"闻""说""亲"三者的具体内涵做了更明确的逻辑界定，还特别对"闻"做了更进一步的说明。他们认为，"闻"实际上又有两种形态：一种是一般的"听闻"或"听说"，社会上都这么"传"，我就听到了，并没有人正式来告诉我；另一种则是比较正式或正规的告知，"别墨"们把它称为"传"。《墨子·经说上》说："传授之，闻也。"又曰："或告之，传也。"这说明，"闻"，本来就包含了"传"，而"传"则是"或告之"的"闻"。

"别墨"们对"闻"的这一细分，从文字学的角度来看，也是很有道理的。"闻"中所包含的"传"，繁体写作"傳"，《说文解字·人部》曰："傳，遽也。从人，專声。"而从甲骨文以来，"傳"字的字形就一直从"車"，与车马之交通有关。《礼记·玉藻》："凡自称……士曰傳遽之臣。"郑注："傳遽，以车马给使者也。"《尔雅·释言》曰："驲、遽，傳也。"郭璞注："皆傳车驿之名。"可见，"或告之，傳也"的"传"，当是官方使人正式告知的"闻"，与一般无意中听到某种消息的"闻"是不一样的。《文心雕龙·论说》曰："说者说语，传者转师。"范文澜引《释名·释书契》曰："传，转也，转移所在，执以为信也。"又说："转师，谓听受师说，转之后生也。"说的虽是"传"的引申义，但仍可看出"传"的正式传达的意思。

从另一方面来看，任何形式的"闻"都是接受他人传递来的信息，都是被动的，都有一个语音信息的来源。所以，后世汉语里除有"传闻"一词以外,还有"听闻"一语。而如果从这一角度来说,则"听闻"又可写作"听说"。这既是对"闻"的获取渠道和方式的分类,同时也可以说是对"说"的渠道和方式的一种分类。而在《墨子·经上》对"说"做了"说,所以明也(孙诒让《墨子间诂》卷十曰:'《经说上》无说。《说文·言部》云:"说,说怿也。一曰谈说。"谓谈说所以明其意义。毕云:"解说。"')"的解说之后,《经说上》又补充曰:"方不㢓,说也(毕沅注:'非方土所阻,是人所说也。')。"即可说是对"说"再作了进一步的分类:一类是使人明了某种重要意义的"解说",另一类则可以是"非方土所阻"的"人所说也"。——结合我们上文先秦诸子著作本分"经说"("大说")和"非经说"(即"小说",《荀子》名之曰"俗说"),以及《墨子》一书分"闻"为带有官方性质的正式的"传闻"和一般不明来源的"听闻"的情况来看,"别墨"们这里对"说"的分析,实际也就是把当时的"说"分成了"解说"某种重要"意义"的"说"(即"经说"或"大说")和那种"非方土所阻"的在民间口耳相传的"说"(即"小说")两种。而《庄子·外物篇》的所谓"小说"概念,应该是在这样的理论背景下提出的。而通过逻辑分析的形式对先秦的"说"加以分类区别,则可以说既是先秦"小说"概念提出的基础,也可以说是楚国学者在中国小说理论史上所做出的重要理论贡献。

(三)楚国"小说"的特点和成就

从根本上讲,任何理论都必来自实践,都是实践经验的总结。

先秦时期中国小说的概念是由楚人首先提出、并给予了最早的逻辑分析和理论探讨的，这无疑应该是当时楚国小说十分兴盛、流传极广的见证。因为，只有在当时楚国小说创作极其兴盛，小说流传十分广泛的背景和前提下，那种关于小说的概念和理论探索才有形成的可能。否则，那就是无源之水和无本之木。

但是，正如我们在上文归纳的那样，先秦小说乃属于非官方的民间口耳相传的"说"，它是不"琢之盘盂，镂之金石"或"书于竹帛"的，即不是以"书面文学"而只是以"口头文学"的形式而存在的。所以，这就给后世的研究者造成了很大的困难，使我们无法获得充分的原始材料来开展我们的研究。

不过，尽管先秦时期没有现代的录音技术，小说又在"道听途说，德之弃也"之列，但在当时仍是有一些不受偏见所囿的人士，记录下了一些他们认为"必有可观焉"的"小说"的。《汉书·艺文志》本刘向《别录》自刘歆《七略》而来，在其《诸子略》中即著录有"小说家"十五家"千三百八十篇"，而属于先秦时期的小说则有九家二百五十七篇。① 但这九家二百五十七篇著作今天全已亡佚②，根本无法据以讨论当时小说之特点。即使其中有少数著作有后人辑本，如马国翰《玉函山房辑佚书》有

---

① 张舜徽曰："今计家数篇数，实为十五家，千三百九十篇。"《汉书艺文志通释》，第344页。

② 案：《汉志》道家类著作有"《鬻子》一卷"，小说家有"《鬻子说》十九篇"，后世有以"《鬻子》一卷"当"《鬻子说》十九篇"者，清人严可均曰："《隋志》道家《鬻子》一卷，《旧唐志》改入小说家。隋唐人所见，皆道家残本，其小说家本，梁时已佚失，刘昫别移道家本当之，非也。"又《汉志》所著录"小说"，班固常谓"其语浅薄"，"非古语"，因而断定其为"依托"，殊谬也。因为小说本乡野小人所传，只能以当时通俗口语相传，绝不可能用"雅言"，故不能据以断其伪。

宋钘之《宋子》辑本、鲁迅《古小说钩沉》辑有《青史子》三条佚文等等,但这些著作不仅前人多认为其"不当侪于小说也",即使那些辑佚者本人也认为这些著作同经解、传、记一样,"不知当初何以侪于小说"。① 所以,我们仍是难以据之而确知先秦小说的原貌的。

当然,这并不是说《汉书·艺文志》著录的这些小说对我们的研究没有任何价值。依据《汉书·艺文志》的这些著录,我们仍然可以获得一些有用的信息:一是小说家之"小说",因其为"街谈巷语,道听途说",故属于"说",这样的"说"是可以在书名或篇名中标出的,如《汉志》之"《伊尹说》二十七篇""《鬻子说》十九篇""《黄帝说》四十篇"等。而且,这些小说与我们上文提到的《韩非子》书中的《说林》《内外储说》一样,都只名"说",而不名"小说"。换言之,先秦时期的小说是可以被标名为"说"的,那些篇名(或书名)中有"说"字的著作,比那些篇名(或书名)中没有标明"说"字的著作,是更能肯定其属于小说的。二是在《汉书·艺文志》著录的九家二百五十七篇"小说家"著作中,"《鬻子说》十九篇"中的鬻子,是楚人的先祖鬻熊,有关其逸事传闻的"《鬻子说》十九篇",自然应该属于楚人的小说了。——在《汉志》可以确定为先秦小说的三部以"说"名篇的先秦作品中,楚人的小说就占了其中的三分之一,这可见楚人小说在先秦的分量。(另外,《汉志》"小说家"中还有"《宋子》十八篇"。宋子,即宋钘。《孟子·告子下》曰:"宋轻将之楚,孟子遇于石丘。"则宋子尝游

---

① 鲁迅:《中国小说的历史变迁》,《鲁迅全集》第9卷,人民文学出版社1982年版,第304页。

楚，而"《宋子》十八篇"或许其中也有关于他游楚的故事亦未可知①）由此可知，先秦小说概念首先出现于楚文化圈内，并由楚人最早进行了较深入的逻辑分析与理论探讨，那就是不足为怪的了。

根据我的长期研究，《汉志》著录的那些小说虽然都已经亡佚，我们难以据《汉志》著录的小说而确知先秦小说的原貌，但在先秦某些不为官方偏见所囿的那些士人学者那里，却也在无意中记录了一些他们认为"必有可观焉"的小说。如《韩非子》一书中《说林》上下、《内外储说》中的那些"说"，就是我们今天所能看到的中国先秦小说的原生态。——至少可以说，是我们今天能够确认的原生态的中国先秦小说。

我之所以认为《韩非子》一书中的"说"，乃是我们今天能够确认的原生态的中国先秦小说，我在《中国先秦小说的原生态及其真实性问题》一文中曾较详细地说明过我的理由②，这里不拟重复，读者可以参阅。这里主要就《韩非子·说林上、下》和《内外储说》中所引关于楚国之"说"（小说、故事传说）举例分析，以窥先秦小说及楚国小说之特点。《韩非子·说林上》载：

> 子胥出走，边候得之。子胥曰："上索我者，以我有美珠也；今我已亡之矣，我且曰子取之。"候因释之。

---

① 案：笔者曾撰《先秦的名家及楚国的名辩思潮考》一文，认为宋钘学说对楚国学术的影响，最明显的莫过于两方面：一是如《庄子》所言，"宋钘学说中道家成分对庄子产生了很大的影响"；另一方面"是其对楚国墨家思想的影响"。《哲学研究》2016 年第 1 期。

② 高华平：《中国先秦小说的原生态及其真实性问题》，《天津社会科学》2007 年第 4 期。后收入《先秦的文献、文学与文化——高华平自选集》，华中师范大学出版社 2012 年版。

　　子胥，即伍子胥，《史记》卷六十六有列传，先秦典籍，如屈原的《九章》、署名吕不韦的《吕氏春秋·异宝》等亦及之。屈原《九章·涉江》曰："伍子逢殃兮，比干菹醢。与前世而皆然兮，吾又何怨乎今之人！"《九章·惜往日》曰："吴信谗而弗味兮，子胥忧而后死。"对伍子胥忠而被害、建功亡身的遭遇寄予了深切的同情。《吕氏春秋·异宝》和《史记·伍子胥列传》都对其逃亡吴国时被渔父所救的情节有详细的记载，但均不见《韩非子·说林上》这则伍子胥诳言"上索我者，以我有美珠也"一事。因此似可以说，《韩非子·说林上》的这则"说"，应不出于先秦的官方记载。因为以常理推之，即使守关的"边候"真的遇到了逃亡的伍子胥，伍子胥诳言"上索我者，以我有美珠也"。他害怕将伍子胥解送至京后会有被子胥诬陷之事发生；他也是绝对不会将此事张扬出去，以至于传到史官那里而被记入史籍的。——如果那样，就等于公开承认自己放跑了国家通缉的逃犯，其后果是可想而知的。所以，我们可以说，《韩非子·说林上》中的这则伍子胥边关脱险的故事（"说"），绝不可能来自于官方的史料，而只可能来自于民间。——而从现有文献来看，我认为这则"说"出现的背景，可能与战国纵横家出入各诸侯国的诡异情形有关。《战国策·燕策三》载：

　　张丑为质于燕，燕王欲杀之，走，且出境，境吏得丑。丑曰："燕王所为将杀我者，人有言我有宝珠也，王欲得之。今我已亡之矣，而燕王不我信。今子且致我，我且言子之夺我珠而吞之，燕王必当杀子，刳子腹及子之肠矣。夫欲得之君，不可说以利。吾要且死，子肠且寸绝。"境吏恐而赦之。

《战国策·燕策三》此处所载张丑骗境吏过关的故事，与《韩非子·说林上》所载伍子胥诳"边候"过关之"说"，几乎如出一辙。① 如果说《战国策》乃"战国纵横家书"，应该是"出于行人之官"的话，那么《韩非子·说林上》的这则"说"，则只能出自楚国某位既如屈原那样景仰伍子胥，同时也接触到《战国策》这类"行人之官"文书的民间人士的口头杜撰。而因为《说林上》中伍子胥过关的故事属于民间人士的口头编造，所以它远比《战国策·燕策三》编得简短，全没有《战国策》这类"书面文学"那种对事情将要产生的后果的详细推论——"燕王必当杀子，刳子腹及子之肠矣。夫欲得之君，不可说以利。吾要且死，子肠且寸绝。"——这又更符合"口头文学"口耳相传的特征与要求。据笔者初步统计，《韩非子·说林》上、下和《内外储说》中这类有关楚国的"说"共有 23 则，但这类"说"绝大多数都不见于其他先秦典籍，特别是带有官方史籍性质的典籍，如《左传》《国语》《战国策》等。而对于那些官方史籍原有记载的故事（"说"），《韩非子·说林》上、下和《内外储说》则多以"一曰"标明之。《韩非子·内储说下六微》载：

　　　　楚成王以商臣为太子，既而又欲置公子职。商臣作乱，

---

① 吴师道云："《韩非子》记子胥语楚边候，同此。"已指出此点。参见《战国策笺证》下册，第 1774 页。案：《战国策·燕策三》中"张丑为质于燕"这则故事，应该也是"小说"，是载于战国策士游说之辞中的"小说"。《韩非子·说难》把战国纵横家的说辞也称为"说"，但在纵横家和韩非看来，这种"说"应该是"大说"，和《说林上、下》篇中的"说"是不同的。故可以说，《战国策》中的"说"也有两种：一种是纵横策士们长篇大论的"说"（"大说"），另一种则是藏于长篇大论中的"说"之中的"小说"。如《燕策三》中的这篇"说"、《燕策二》中的"鹬蚌相争，渔翁得利"、《楚策一》中的"狐假虎威"等故事，就是这类"小说"。

遂攻杀成王。

一曰：楚成王（以）商臣为太子，既欲置公子职。商臣闻之，未察也，乃为其傅潘崇曰："奈何察之也？"潘崇曰："飨江芊而勿敬也。"太子听之，江芊曰："呼，役夫！宜君之欲废女而立职也。"商臣曰："信矣。"潘崇曰："能事之乎？"曰："不能。"曰："能为诸侯乎？"曰："不能。""能举大事乎？"曰："能。"于是乃起宿营之甲而攻成王。成王请食熊膰而死，不许，遂自杀。

《韩非子·内储说下六微》中所载的这两则商臣杀成王的故事（"说"）前一则十分简单，只有故事梗概，完全省略了事情的经过与细节。这与民间"道听途说"的传播方式十分吻合。——往往都是三言两语，而对事情的经过则语焉不详。后一则故事（"说"），把事情的前因后果及细节都叙述得十分详细，与《左传》文公元年对此事的记载基本相同：

初，楚子以商臣为太子，访诸令尹子上。子上曰："君之未齿也，而又多爱，黜乃乱也。楚国之举，恒在少者。且是人也，蜂目而豺声，忍人也，不可立也。"弗听。既又欲立王子职，而黜太子商臣。商臣闻之而未察，告其师潘崇曰："若之何而察之？"潘崇曰："享江芊而勿敬也。"从之，江芊曰："呼，役夫！宜君王之欲废女而立职也。"告潘崇曰："信矣。"潘崇曰："能事诸乎？"曰："不能。"曰："能行乎？"曰："不能。""能行大事乎？"曰："能。"冬十月，以宫甲围成王。王请食熊蹯而死，弗听。丁未，王缢。谥之曰灵，不瞑。曰成，乃瞑。

　　按照传统的说法，《左传》乃"受经于仲尼"的鲁史官左丘明"躬览载籍，必广记而备言之"（杜预：《春秋序》）的史书，故我们可以说，《韩非子·内储说下六微》中的"一曰"所载关于楚成王欲废太子而被逼自杀之事，显然应该来源于《左传》这类官方史书的记载，所以它记事才不厌其烦、慢条斯理地把事情的每一个具体细节都记载得十分详尽。而前一则内容相同的故事，因为没有以官方的文书为依据，只在民间的人士中口耳相传，属于"街谈巷语，道听途说者之所造也"，所以它在形式上也就明显带有"合丛残小语，近取譬论"的特点。

　　我们刚刚说过，根据我们的初步统计，《韩非子·说林》上、下和《内外储说》中关于楚国的小说共有 23 则。但很显然，这并不是先秦时期楚国小说的全部。因为中国先秦的小说本是民间人士口耳相传的"道听途说"，无书面文本保存；加之后代向以不入流的"德之弃也"视之，所以保存下来的数量就很少了。——但还是有些作品很幸运地被保存下来了。这种保存主要的方式，在先秦时期，是由韩非子这类不受主流价值观所囿的士人们记录下来的；到汉代以后，则是由刘向这类矢志于文献整理的学者有意识地加以整理和保存的。

　　《汉书·艺文志》"儒家类"著作著录有"《刘向所序》六十七篇"，班固原注："《新序》《说苑》《世说》《列女传》、颂图也。"班固《汉书·刘向传》则说："（刘）向采传记，著《新序》《说苑》凡五十篇。序次《列女传》凡八篇，著《疾谗》《摘要》《救危》及《世颂》凡八篇。"根据班固的这两处记载，

"《刘向所序》"的这些著作中，既有刘氏"采传记""序次"而成的《新序》《说苑》《列女传》之类的作品，也有采摘"民间书"或从民间"道听途说"而来的《世说》《世颂》之类的作品。从资料来源来看，前者应属于官方文书的"传记"之类，后者则与之不同，乃属于世俗民间所流传的"说""颂"之类，故名之曰"《世说》""《世颂》"也。从刘向的《世说》乃采取民间世俗之"说"（《荀子》名之曰"俗说"）而成的著作这一点而言，《刘向所序》中的《世说》，应该就是刘向所收集整理的一部小说集。而且，这其中自然也应该有不少属于楚国的小说作品。

令人遗憾的是，根据历代确切的文献记载来看，《刘向所序》中的《世说》一书，似乎早已亡佚，人们并不能确切地知道其中的具体内容。但据近代向宗鲁撰《说苑校正》一书时考证，则似乎《世说》又并未亡佚。向氏"谓《世说》即《说苑》"，《汉志》"《刘向所序》六十七篇"下班固原注其实只有"《世说》"而无"《说苑》"二字；"原注《说苑》二字，浅人加之"。向氏进一步考证说：

> 考《御览》三十五引《世说》（汤之时大旱七年云云），不见义庆书而见《说苑·君道篇》。《书钞》百四十一引《世本》（载雍门伏事，"伏"乃"狄"之讹），其文与《世本》不类，"《世本》"乃"《世说》"之讹，今见《说苑·立节篇》。（《御览》五百八十二引《世说》王大将军事，标题亦误作《世本》，正与此同例）此所引皆中垒《世说》也。《初学记》十七引刘义庆《说苑》（人饷魏武云云），今

见《世说·捷悟篇》。又卷十九引刘义庆《说苑》（郑玄家
奴婢皆读书云云），今见《世说·文学篇》。黎刊《太平寰
宇记》一百十八引刘义庆《说苑》（晋羊祜领荆州云云），
今略见《世说·排调篇》。此所引皆临川《说苑》也。是则
临川之《说苑》即《世说》，而中垒之《世说》即《说苑》
审矣。[1]

　　向氏之说诚为合乎逻辑的推论。但问题是，由于现在并无题
名刘向的《世说》一书传世，甚至后世的传本《说苑》，北宋
《崇文总目》已云："今存者五卷，余皆亡。"今本乃曾巩整理该
书时"从士大夫间得之者十有五篇，与旧为二十篇"。这才合成
了旧志所谓"刘向《说苑》二十篇"之数。仅据类书所引《世
说》《说苑》时有将二书书名互讹之例，似尚难以断定后世《说
苑》即是《世说》，今书题名"《说苑》"二字属"浅人加
之"也。

　　我们认为，由向氏所举类书中《世说》《说苑》二书互讹之
例来看，尽管很难说传世本《说苑》即是《世说》之讹名，但
（1）当年曾巩从民间士大夫间得到的《说苑》十五篇中，是否
有《世说》的内容掺杂其间，这是很难断定的；否则，类书引
《说苑》时应该不会平白无故地将它称之为《世说》的。（2）据
刘向的《说苑序奏》说，他序《说苑》时，除了"采传记"及
"臣向书""中书书"之外，还采集了"民间书"，是在除去了与
《新序》的重复之后，将"其余者浅薄，不中义理"者"别集为

---

　　[1]　向宗鲁：《〈说苑〉叙例》，《说苑校证》，（汉）刘向撰，向宗鲁校证，中华书局
1987 年版，第 1 页。

一书"的结果——此书"号为《说苑》"。① 这也就是说，即使
《说苑》一书主要不是民间"道听途说"的"说"，其中也是不
乏"浅薄"的民间故事——小说的。所以我认为，如果我们能把
《说苑》一书中那些"说"加以仔细研究，把那些与《左传》
《国语》《战国策》等官方"传记"中的相同部分除开，剩下的
那些"浅薄""简短"的"丛残小语"，应该就是小说了。它们
即使不是出自《世说》，也应该是和《世说》性质相同的作品。
而据笔者初步统计，在今本《说苑》的二十篇"说"中，与楚
国有关的"说"约有44则。在这约44则有关的"说"中，相当
一部分与《左传》《国语》《战国策》《吕氏春秋》《史记》等先
秦或汉初的著作的记载大致相同——应该说，这是由于刘向"采
入"了这些"传记"的内容；但有一些属他书未见的内容，则
应是刘向采自"民间书"或"道听途说"的"浅薄语"，属于所
谓小说之列。《说苑·至公》载：

> 楚文王伐邓，使王子革、子灵共捃菜。二子出采，见老
> 丈人载畚，乞焉，不与；博而夺之。王闻之，令皆拘二子，
> 将杀之。大夫辞曰"取畚信有罪，然杀之非其罪也，君若何
> 杀之？"言卒，丈人造军而言曰："邓为无道，故伐之，今君
> 公子之搏而夺吾畚，无道甚于邓。"呼天而号。君闻之，群
> 臣恐。君见之，曰："讨有罪而横夺，非所以禁暴也；恃力
> 虐老，非所以教幼也；爱子弃法，非所以保国也；私二子，
> 灭三行，非所以从政也。丈人舍之也，谢之军门之外耳。"

---

① 刘向：《说苑序奏》，《说苑校证》，（汉）刘向撰，向宗鲁校证，中华书局1987
年版，第1页。

　　楚文王伐郑，使王子革、子露居。二子出游，老人戴畚从而乞食焉，不与，搏而夺之畚。

　　《说苑》此篇所载楚文王及其二子事，前一则故事情节详细而完整，后一则简单而似残篇，正同小说。对于这种情况，向宗鲁校正曰："案，《御览》九百七十六引此文，全同今本。而《类聚》十八、《御览》三百八十三引文全异，或旧有二本，或旧有二条，（如下文'《韩非子》一曰之法'之例）。"向氏此处以《说苑》同篇两录《韩非子·外储说右上》"荆庄王有茅门外之法"故事例之，不管他是否要以此说明《说苑》所载此事不同应是因为有不同来源，但这客观上却是在表明，这两条楚文王及其二王子的故事中，至少得有一条来自"民间书"，属于小说的性质。故《说苑·至公》同时采入《韩非子·外储说右上》中的两段文字，更清楚地显示了其与《韩非子》中"说"相同的小说性质：

　　楚庄王有茅门者法曰："群臣大夫、诸公子入朝，马蹄蹂霤者，斩其辀而戮其御。"太子入朝，马蹄蹂霤，廷理斩其辀而戮其御。太子大怒，入为王泣曰："为我诛廷理。"王曰："法者，所以敬宗庙、尊社稷。故能立法从令，尊敬社稷者，社稷之臣也。安可以加诛？夫犯法废令，不尊社稷，是臣弃君，下陵上也。臣弃君则主威失，下陵上则上位危。社稷不守，吾何以遗子？"太子乃还走避舍，再拜请死。

　　楚庄王之时，太子车立于茅门之内，少师庆逐之。太子怒，入谒王曰："少师庆逐臣之车。"王曰："舍之。老君在前而不踰,少君在后而豫,是国之宝臣也。"

《说苑·至公》此处所记两段"楚王有茅门者"的文字,前一段与《韩非子·外储说右上》中的"荆庄王有茅门之法",仅有个别文字的差异。如:《说苑》中的"马蹄蹂霤",《韩非子》作"马蹄践霤";《说苑》中的"臣弃君则主威失",《韩非子》作"臣乘君则主失威",等等。说明二者应该是采自同一"传记"。但《说苑·至公》的第二段文字,则与《韩非子·外储说右上》中的"一曰"差异很大:不仅《外储说右上》"一曰"中的"楚王"在《至公篇》变成了"楚庄王",而且《外储说右上》"一曰:楚国之法",也和太子犯法的原因一同被省略了——太子泣诉于楚王及楚王处理事情的过程都被大大简省——这无疑更能显示这一条属"传闻异辞"的"道听途说者之所造也"的性质,说明这个故事乃属"丛残小语"——小说。

在我们统计的《说苑》所记的有关楚国约 44 则"说"中,到底有多少可以确切地肯定属于楚国的小说,由于可资比较的文献的缺乏,我们很难做出明确的回答。但我们相信,即使是那些属于刘向"采传说",依官方文书而编著的"说",刘向也可能根据"民间书"或"道听途说"的传闻进行过修改,或至少在官方的"传记"之外,同时也有一种民间传说的可能。——从这个意义上讲,《说苑》中的那些"说"未尝不可当成小说看待。是刘向《说苑》中那些有关楚国的"说"以及我们在上文曾提到的《韩非子》中的那些有关楚国的"说",我们才多少可以推知先秦楚国小说的一些基本特点和成就。而因为讨论先秦楚国小说的特点和成就,必先从《韩非子·说林》上、下和《内外储说》及刘向《说苑》二十篇中，确定出哪些"说"属于先秦楚国的小说。而我们确定《韩非子》和《说苑》中的哪些"说"是楚国的小说，最基本的一条依据，就是看这些"说"是否说的是先秦楚国的人和事。如果是，我们就认为它是先秦楚国的小说；反之，则不认为它是先秦楚国的小说。而如果按对小说的内容和形式的两分法来判断的话，我们判定《韩非子》和《说苑》中的"说"是否属于先秦楚国的"说"的依据，其实主要乃在于这些"说"的内容方面。换言之，我们这里所说的先秦楚国小说的特点和成就，主要乃是这些楚国小说在内容方面的特点和成就。据此，我们认为先秦楚国小说应具有如下几个方面基本的特点和成就。

（1）先秦楚国小说所说的人和事，乃是发生于楚王或楚国有重要影响的王子、令尹和其他官吏身上的事。

先秦楚国小说在内容上的一个显著特点，就是这些小说中的事情往往是发生于楚国历史上的楚王和太子、令尹、将军身上，特别是楚国历史上具有重要影响的人物，如楚庄王、昭王和孙叔敖、令尹子文、伍子胥等人身上。如在上文我们举例的《韩非子·说林》上、下和《内外储说》中与楚国有关的 33 则"说"中，就有 10 则发生于"荆（楚）王"身上，这还不算标明发生于楚成王、楚厉王、荆庄王的故事各一则。在《说苑》约 44 则有关楚国的小说中，标明故事主角为楚庄王的有 13 则，楚昭王的 6 则，楚文王 3 则，楚恭（共）王 2 则，（还有 3 则标明为"楚王"），另外的故事主角则为楚将军子囊、楚令尹子文、孙叔敖、伍子胥等，就是不见一个庶民百姓。这种情况和上古的神话传说往往将人类早期的各种发明归功于帝王或部落首领的情形是相同的。因为只有借助于那些著名的王侯和将相，人们才能比较容易记住这些小说，也才能唤起人们对这个小说的兴趣。

（2）先秦楚国小说的题材十分广泛，除了关于楚国政治、军事等重大题材之外，还有一些有关先秦诸子百家的小说，这些小说为我们研究先秦诸子的学术思想，特别是这些诸子思想在楚国的传播，提供了重要的参考资料。如《说苑·至公》记"楚昭王召孔子，将使执政，而封以书社七百"，结果因子西进谗而"遂止"。与《史记·孔子世家》的记载大同小异，这既说明司马迁著《史记》时，有可能采用了楚国小说的材料，也为我们深入考察当初孔子及其学说传入楚国的境遇提供了宝贵的资料。《韩非子·解老篇》记"詹何坐，弟子侍，牛鸣于门外"云云，这是小说文献中完整地记载战国中期楚国道家学派人物詹何的一处材料，对研究战国中期楚国道家的思想演变具有重要价值。《说苑·善说》中"庄周贫者，往贷于魏文侯"；同篇《指武篇》的"吴起为苑守，行县适息"，则透露了法家吴起和道家庄周其人及其思想传播的信息。可以说，先秦诸子及其思想，很多都可在先秦楚国小说中找到其流传痕迹，而且每个学派都可能曾根据自己的立场对这些小说进行过改造。《说苑·至公》载：

> 楚共（恭）王出猎，而遗其弓。左右请求之。共王曰："止，楚人遗弓，楚人得之，又何求焉！"仲尼闻之曰："惜乎其不大！亦曰人遗弓人得之而已，何必楚也。"仲尼所谓大公也。

《说苑》一书原在《汉志·诸子略》儒家类中的"《刘向所

序》六十七篇"之中，因此刘向所记载的这则小说，显然是来自儒家流传的"说"，故它与儒家的《孔子家语》《孔丛子》等书一样，都不约而同地称赞孔子"所谓大公也"。但这则小说在名家《公孙龙子·迹府篇》和杂家的《吕氏春秋·贵公篇》却另有记载。《公孙龙子·迹府篇》曰："龙闻楚王张繁弱之弓，载忘归之矢，以射蛟兕于云梦之圃，而丧其弓。左右请求之。王曰：'止，楚王遗弓，楚人得之，又何求乎！'仲尼闻之曰：'楚王仁义而未遂也！'亦曰'人亡弓人得之'而已，何必楚。"这里对楚王的弓、矢、圃都有明确的界定，而且也没有对"仲尼大公也"的称赞，正反映了名家的特点。《吕氏春秋·贵公篇》载："荆人有遗弓者而不肯索，曰：'荆人遗之，荆人得之，又何索焉！'孔子闻之曰：'去其荆而可矣！'老聃闻之曰：'去其人而可矣！'故老聃则至公矣。"这里不仅把楚共（恭）王改为了"楚人"，而且在孔子之外又增加了老聃，把老聃置于孔子之上——实则以老子来贬抑孔子——说明这则小说应该是出于道家的改造。可以说，由先秦楚国小说似可以看出先秦诸子学在楚国传播和交流的思想史样态。

（3）反映了先秦楚国民间的价值观念，对研究先秦社会心态具有重要的意义。先秦小说属于民间人士"街谈巷语，道听途说者之所造也"，所以尽管有些小说可能属流落民间的士人转述"传记"的产物，但就在这种转述或改编中已经明显带上了民间的色彩，反映了民间的价值观。例如，我们在上文提到的《韩非子·外储说右上》和《说苑·至公篇》中都有的"楚庄王有茅门之法"处罚太子的故事，《至公篇》中都记载的"楚文伐邓"（一作"楚王伐郑"）中杀夺老人载畚的王子革和王子灵（一作

"子露")的故事。在这些小说中，我们看到楚国民间的法制观不仅有"王子犯法与庶民同罪"的法律公正观念，而且还有对王子、贵戚犯法加重惩罚的要求。《至公篇》中楚文王处罚二王子时，大夫辞曰："取畚信有罪，然杀之非其罪也。"但那位夺载畚的老人却不依不饶，"呼天而号"曰："邓为无道，故伐之。今君公之子搏而夺吾畚，无道甚于邓。"直到楚文王杀二王子这才罢休。又例如，《韩非子·外储说左下》载："孙叔敖相楚，栈车牝马，粝饼菜羹，枯鱼之膳"云云。《说苑·敬慎》载："孙叔敖为令尹，一国吏民皆来贺；有一老父，衣粗衣，冠白冠，后来吊，曰：'位已高而意益下，官益大而心益小，禄已厚而慎不敢取。守此三者，足以治楚矣'。"从这些例子来看，在先秦楚国的民间的确普遍有一种抱朴守素和戒满的心态，老庄道家柔弱守后的哲学思想产生于南方楚国的文化区域，这绝不是偶然的。

以上是我们对先秦楚国小说特点和成就的简略分析。由以上的分析可知，中国先秦小说观念的形成和"小说家"的出现，与楚国特有的学术文化背景有着极为密切的关系。无论是先秦小说概念的提出，还是先秦学术界对小说观念最初的理论探讨，最早实际都出现于楚文化圈之内。《韩非子》和《说苑》二书中有关楚人的"说"，是现存可知的先秦楚国小说，它们在中国古代的小说史和学术思想史上都具有重要的价值与意义。

（原载《文学评论》2016 年第 1 期，发表时有删节）